AF551735

LILY HOFMANN

Die BEGEGNUNG mit dem INNEREN KIND

Email: info@edition-lunerion.de
www.edition-lunerion.de

Psiana eCom UG
Berumer Str. 44
26844 Jemgum

INHALT

Vorwort

Es gibt eine innere Wirklichkeit, die in einem jeden Einzelnen von uns ruht. Doch oft ist diese Wirklichkeit verschüttet, vergraben unter schmerzhaften Erfahrungen, negativen Glaubenssätzen und ungesunden Verhaltensmustern. Doch das muss nicht so bleiben. Jeder hat die Möglichkeit, sich mit seinem inneren Kind zu versöhnen, um ein erfülltes und glückliches Leben zu führen.

Dieses Buch ist eine Reise zu Ihrer inneren Wahrheit und zu Ihrem inneren Kind. Es ist eine Einladung, Ihr Selbst näher kennen zu lernen und sich selbst zu heilen. Es geht darum, sich Ihren eigenen Ängsten, Schmerzen und Zweifeln zu stellen, um sich von schmerzhaften Mustern und Überzeugungen zu befreien. In diesem Buch finden Sie nicht nur theoretische Grundlagen zur Arbeit mit Ihrem inneren Kind, sondern auch praktische Übungen, um Ihr inneres Kind kennenzulernen und zu heilen. Sie werden entdecken, wie Ihre Kindheitserfahrungen Ihre Persönlichkeit geprägt haben und wie Sie diese Erfahrungen in Ihrer Gegenwart beeinflussen. Sie werden verstehen, warum es wichtig ist, sich mit Ihrem inneren Kind zu verbinden, und wie Sie durch die Arbeit mit Ihrem inneren Kind zu mehr Selbstakzeptanz, Selbstliebe und Glück gelangen können. Das Konzept des inneren Kindes ist ein wichtiger Schlüssel für ein erfülltes Leben. Es hilft Ihnen, sich selbst besser zu verstehen und sich von negativen Glaubenssätzen und Verhaltensmustern zu befreien. Mit diesem Buch haben Sie die Chance, Ihre innere Wahrheit zu finden und Ihrem inneren Kind eine liebevolle, sichere und heilsame Umgebung zu schaffen.

Wir können nicht aus unserer Haut

Haben Sie schon einmal das Gefühl gehabt, dass in Ihrem Leben etwas nicht stimmt, obwohl Sie nach außen hin alles im Griff zu haben scheinen? Vielleicht haben Sie ungesunde Verhaltensmuster, die Sie nicht ablegen können, oder es fällt Ihnen schwer, Beziehungen aufzubauen und zu pflegen. Wenn Sie sich in dieser Beschreibung wiederfinden, sind Sie nicht allein. Viele Menschen haben mit ähnlichen Problemen zu kämpfen, die oft auf unverarbeitete Erlebnisse in der Kindheit zurückgehen. In diesem Kontext wird oft vom „inneren Kind" gesprochen, das in uns allen schlummert und unser Verhalten unbewusst beeinflusst.

Doch was genau ist dieses „innere Kind" und wie können Sie lernen, besser mit ihm umzugehen? In diesem Buch gehen wir dieser Frage auf den Grund und zeigen Ihnen, wie Sie Ihr inneres Kind verstehen und heilen können. Sie werden erforschen, wie Ihre Kindheitserfahrungen Ihre Persönlichkeit geprägt haben und wie Sie negative Prägungen auflösen können, um ein erfülltes Leben zu führen. Denn wenn Sie sich mit Ihrem inneren Kind versöhnen, öffnen sich Türen zu mehr Selbstakzeptanz, Selbstliebe und Glück. Dieses Buch beschäftigt sich intensiv mit dem Thema der Arbeit mit dem inneren Kind und damit, wie es Ihnen helfen kann, sich von schmerzhaften Mustern und Glaubenssätzen zu befreien.

Das Konzept des „inneren Kindes“ basiert auf der Annahme, dass Sie einen Teil in sich tragen, der Ihre kindlichen Bedürfnisse, Wünsche und Emotionen widerspiegelt. Dieser Teil kann durch traumatische Erlebnisse und negative Erfahrungen verletzt oder vernachlässigt worden sein und sich in schädlichen Verhaltensmustern und Überzeugungen manifestieren, die Ihr Leben beeinträchtigen.

In diesem Buch wird die Bindungstheorie von John Bowlby als Grundlage für das Verständnis Ihrer menschlichen Grundbedürfnisse herangezogen. Sie erfahren, wie Ihre frühen Erfahrungen und Beziehungen Sie geprägt haben und wie sie Sie in der Gegenwart beeinflussen. Das Verständnis dieser Grundbedürfnisse ist ein wesentlicher Schritt, um die Ursachen Ihrer emotionalen Verletzungen und inneren Konflikte zu verstehen.

Doch das Buch soll nicht nur theoretisch bleiben. Es enthält ein praktisches Workbook, mit dem Sie Ihr inneres Kind kennenlernen und heilen können. Im ersten Teil des Buches beschäftigen Sie sich intensiv mit sich selbst und machen eine Bestandsaufnahme, um zu verstehen, welche negativen Glaubenssätze und Bewältigungsstrategien Sie im Laufe Ihres Lebens entwickelt haben. Diese haben oft ihren Ursprung in Ihrer Kindheit und beeinflussen Ihr Denken, Fühlen und Handeln bis ins Erwachsenenalter. Durch das Erkennen und Bewusstmachen dieser Überzeugungen und Bewältigungsstrategien können sie gezielt angegangen und durch positive Überzeugungen und gesündere Bewältigungsstrategien ersetzt werden.

Außerdem erfahren Sie in diesem Teil, was Ihr inneres Kind von Ihnen möchte. Das innere Kind repräsentiert Ihre früheste Prägung und beeinflusst Ihr heutiges Verhalten und Ihre Beziehungen. Wenn Sie sich mit Ihrem inneren Kind verbinden und ihm erlauben, sich auszudrücken, können Sie tiefere Einsichten über sich selbst gewinnen und Ihre eigenen Bedürfnisse besser verstehen. Darüber hinaus werden Sie Ihren Beziehungstyp identifizieren, um zu erkennen, welche Muster Sie in Ihren Beziehungen wiederholen und welche Bedürfnisse Sie vielleicht vernachlässigen.

Durch diese Selbsterkenntnis können Sie gezielt an Ihren eigenen Beziehungsmustern arbeiten und gesündere Beziehungen aufbauen.

Im zweiten Teil geht es darum, Ihr inneres Kind zu stärken, um auf dem Weg des Erwachsenwerdens voranzukommen. Ein zentraler Schritt auf diesem Weg ist das Trösten Ihres inneren Kindes. Sie lernen, auf sich selbst zu achten und Ihr inneres Kind in schwierigen Situationen zu trösten. Dabei lernen Sie, dass Sie selbst für Ihr Wohlbefinden verantwortlich sind und dass Sie sich selbst unterstützen können, wenn Sie sich unsicher oder ängstlich fühlen.

Sie erfahren, wie Sie Ihre Selbstwahrnehmung stärken können. Sie lernen, Ihre Bedürfnisse und Wünsche besser zu erkennen und sich selbst besser zu verstehen. Dabei geht es auch darum, sich selbst zu ertappen, wenn man in alte Muster zurückfällt, und den Modus zu wechseln. Das bedeutet, dass Sie sich bewusst machen, wenn Sie in einem alten Verhaltensmuster gefangen sind, und sich dann bewusst eine neue, gesündere Handlungsweise wählen.

Selbstakzeptanz spielt ebenfalls eine bedeutsame Rolle auf dem Weg zur Heilung Ihres inneren Kindes. Sie lernen, sich so zu akzeptieren, wie Sie sind, und sich selbst anzunehmen. Dazu gehört auch, sich selbst zu verzeihen, was in der vergangenen Zeit geschehen ist, und sich zu erlauben, Fehler zu machen und sich weiterzuentwickeln.

Insgesamt hilft Ihnen der zweite Teil des Workbooks, Ihre Selbstwahrnehmung zu stärken, sich selbst besser zu verstehen und das innere Kind zu stärken. Dadurch können Sie alte Muster durchbrechen und sich von negativen Glaubenssätzen befreien, die Sie in der Vergangenheit eingeschränkt haben. Sie werden lernen, selbstbewusster und unabhängiger zu werden und sich selbst auf dem Weg zum Erwachsenwerden zu unterstützen.

Im dritten Teil des Workbooks geht es darum, das geheilte innere Kind in das gegenwärtige Leben zu integrieren. Es handelt davon, negative Glaubenssätze, die Sie in der Vergangenheit belastet haben, umzukehren. Sie lernen, Ihre Stärken und Ressourcen zu erkennen und zu nutzen, um ein erfülltes Leben zu führen.

Die Auseinandersetzung mit Ihren Grundwerten ist ein weiterer wichtiger Faktor, um Ihr Leben nach Ihren Vorstellungen auszurichten. Dies beinhaltet die Fähigkeit, zu verzeihen, sowohl Ihnen selbst als auch anderen gegenüber. Sie werden sich mit Strategien beschäftigen, um Freude in Ihr Leben einzuladen und Ihr inneres Kind auch in schwierigen Zeiten zu stärken. Letztendlich wird Ihnen dieser Teil helfen, die Heilung Ihres inneren Kindes zu vollenden und es als positiven Einfluss in Ihr Leben zu integrieren.

Dieses Buch ist für jeden geeignet, der sich mit seiner Vergangenheit und seinen schmerzhaften Erfahrungen auseinandersetzen möchte, um ein erfüllteres und glücklicheres Leben zu führen. Sie werden lernen, wie Sie Ihr inneres Kind besser kennenlernen und heilen können, um sich von schmerzhaften Mustern und Glaubenssätzen zu lösen. Mit dem praktischen Workbook werden Sie in der Lage sein, Ihr inneres Kind zu stärken und ins Leben zu integrieren.

Warum wir ein Leben lang *Kind* bleiben

BINDUNGSTHEORIE LIGHT

In der Psychologie und Hirnforschung setzt sich zunehmend die Erkenntnis durch, dass unsere Persönlichkeit und unser Verhalten stark von unseren Erfahrungen und unserer Umwelt geprägt werden. Insbesondere die frühe Kindheit und die Qualität der Bindungsbeziehung zu den primären Bezugspersonen spielen dabei eine entscheidende Rolle. In Bezug auf die Bindung zu Bezugspersonen existieren verschiedene Forschungen. Hierzu gehört unter anderem die Bindungstheorie.

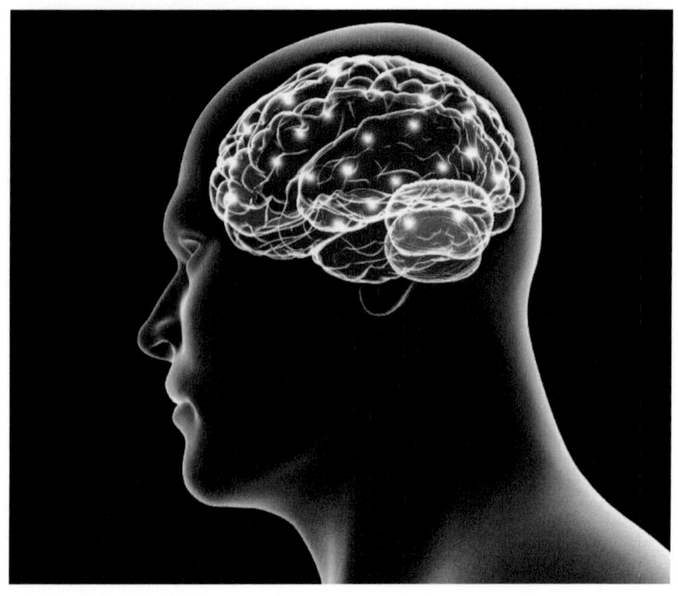

Definition: Bindungstheorie
Die Bindungstheorie beschreibt, wie enge Beziehungen zwischen Menschen entstehen und wie sie sich auf das Verhalten und die emotionale Entwicklung auswirken. Die zentrale Idee ist, dass eine stabile Basis für die Entstehung von Selbstvertrauen, sozialer Kompetenz und emotionaler Stabilität durch eine sichere Beziehung zu einer primären Bezugsperson in der Kindheit geschaffen wird.

Die Bindungstheorie, die auf den Forschungen von John Bowlby (1907–1990) und Mary Ainsworth (1913–1999) basiert, besagt daher, dass Kinder für eine gesunde psychische Entwicklung eine stabile Bindung zu ihren Bezugspersonen benötigen.

Definition: Bindung
Bindung bezieht sich auf die emotionale Beziehung einer Person zu einer anderen Person. Es ist ein tiefes Gefühl der Verbundenheit, das auf Vertrauen, Sicherheit und Fürsorge beruht. Bindung ist ein wichtiger Faktor in zwischenmenschlichen Beziehungen und kann unser Verhalten und unsere Emotionen stark beeinflussen.

Eine sichere Bindung ist nach John Bowlby das zentrale Bedürfnis in der frühkindlichen Phase und entsteht durch liebevolle, verlässliche und feinfühlige Fürsorge. Während des ersten Lebensjahres eines Kindes wird eine fundamentale Bindungsbeziehung aufgebaut, die im zweiten und dritten Lebensjahr weiter vertieft wird. Eine sichere Bindung gibt dem Kind die Möglichkeit, ein grundlegendes Gefühl von Sicherheit und Vertrauen in sich selbst und seine Umgebung zu entwickeln. Es lernt, seine eigenen Emotionen wahrzunehmen und zu regulieren, indem es von seiner vertrauten Bindungsperson Verständnis und Trost erfährt. Im Laufe der Zeit internalisiert das Kind die Haltung und Präsenz seiner Bindungsperson und kann dadurch lernen, sich selbst zu beruhigen und sich auf die Welt um es herum einzulassen. Hier spricht man auch von der Fähigkeit des Kindes, sich selbst zu regulieren.

Selbstregulation ist ein wichtiger Aspekt der emotionalen Entwicklung von Kindern. Sie bezieht sich darauf, wie wir als Kinder lernen, unsere eigenen Emotionen zu erkennen und zu kontrollieren. Eine vertrauensvolle Bindungsperson kann dabei eine entscheidende Rolle spielen, da sie dem Kind durch ihr Verhalten und ihre Reaktionen zeigt, wie es mit seinen eigenen Emotionen umgehen kann.

Wenn ein Kind in einer sicheren und unterstützenden Beziehung aufwächst, kann es lernen, seine eigenen Gefühle auf gesunde Weise auszudrücken und zu regulieren. Es lernt, dass seine Gefühle normal und akzeptabel sind und dass es in Ordnung ist, sich bei Schwierigkeiten an andere zu wenden. Die vertraute Bindungsperson dient als Vorbild und hilft dem Kind, seine eigenen Gefühle zu verstehen und zu regulieren.

Mit der Zeit erlernt das Kind diese Fähigkeiten und ist in der Lage, sich selbst zu regulieren und sich auf die Welt um sich herum einzulassen. Selbstregulation ist ein wichtiger Entwicklungsschritt für die Autonomie und Unabhängigkeit des Kindes. Durch die Fähigkeit, die eigenen Emotionen zu regulieren, können Kinder bessere Entscheidungen treffen und besser mit Herausforderungen und Stress umgehen. Das wirkt sich auch auf unsere Kompetenzen und Fähigkeiten im Erwachsenenalter positiv aus. Darüber hinaus ermöglicht eine sichere Bindung dem Kind, ein gutes Selbstwertgefühl zu entwickeln, indem es sich angenommen und verlässlich fühlt. Sie hilft dem Kind auch, eine gesunde Unabhängigkeit zu entwickeln und sich für die Welt und andere Menschen zu interessieren. In den ersten Lebensjahren ist eine sichere Bindung zu wenigen, aber verlässlichen Bezugspersonen entscheidend für die bestmögliche Entwicklung eines Kindes. Die Bindungstheorie betont damit die Bedeutung frühkindlicher Erfahrungen und Beziehungen für die spätere psychische Gesundheit und Persönlichkeitsentwicklung. Normalerweise übernimmt die Mutter die Aufgabe der primären Bindungsperson für das Kind, da sie bereits durch Schwangerschaft, Geburt und Stillen auf die Pflege des Kindes vorbereitet ist und dadurch eine emotionale und hormonelle Bindung aufbaut. Die Stimme, der Geschmack und Geruch, der Herzschlag und die Atmung der Mutter vermitteln dem Kind ein einzigartiges Gefühl der Vertrautheit. Es ist jedoch auch möglich, dass der Vater oder eine andere Person zur primären Bindungsperson wird, wenn sie verlässlich, liebevoll und einfühlsam ist.

Es ist allgemein bekannt, dass die Umgebung, in der Kinder aufwachsen, einen großen Einfluss auf ihre Entwicklung hat. Die Beziehungsqualität zu ihren Eltern oder anderen Bezugspersonen spielt dabei eine wichtige Rolle. Kinder, die eine sichere Bindung erleben, neigen dazu, später auch sicherere Bindungen zu anderen Menschen aufzubauen.

Beispiel:
Eltern, die sich um ihr Kind kümmern und auf dessen Bedürfnisse eingehen, schaffen eine sichere Bindung zwischen sich und ihrem Kind. Wenn das Kind hungrig ist oder Aufmerksamkeit benötigt, reagiert die Mutter oder der Vater darauf und gibt dem Kind das Gefühl, dass es geliebt und umsorgt wird. Diese sichere Bindung ermöglicht es dem Kind, Vertrauen aufzubauen und eine positive Selbstwahrnehmung zu entwickeln. Das Kind weiß, dass es Unterstützung und Trost erhalten wird, wenn es benötigt wird, und dass es sich auf seine Eltern verlassen kann. Wenn das Kind älter wird und sich anderen Menschen zuwendet, wird es aufgrund seiner sicheren Bindung eher dazu neigen, ebenfalls sichere Bindungen zu anderen Menschen aufzubauen. Es wird wissen, wie es sich anfühlt, geliebt und umsorgt zu werden, und wird diese Erfahrung in anderen Beziehungen suchen.

Es ist von entscheidender Bedeutung, zu verstehen, dass unser Gehirn evolutionär auf Kooperation und Überleben programmiert ist. Das heißt, wir sind anpassungsfähige Wesen, die sich an unterschiedliche Umgebungen anpassen können. In der frühen Kindheit ist eine sichere Bindung zu einer verlässlichen, feinfühligen und verfügbaren Bezugsperson entscheidend für die optimale Entwicklung des Kindes. Jude Cassidys und Phillip R. Shavers (2008) Forschungsergebnisse zeigen, dass Kinder mit unsicheren Bindungen ein höheres Risiko für psychische Probleme wie Depressionen und Angststörungen haben. Ein Grund dafür ist, dass sie häufig Schwierigkeiten haben, ihre Emotionen zu regulieren und sich in sozialen Beziehungen angemessen zu verhalten.

Beispiel:
Kinder, die von ihren Bezugspersonen vernachlässigt oder unregelmäßig versorgt werden, haben oft das Gefühl, dass ihre Bedürfnisse nicht beachtet werden, was zu einem Gefühl der Hilflosigkeit und Verzweiflung führen kann. Infolgedessen können sie Schwierigkeiten haben, ihre Gefühle zu regulieren und sich in sozialen Beziehungen angemessen zu verhalten. Beispielsweise kann es ihnen schwerfallen, ihren Ärger zu kontrollieren oder ihre Bedürfnisse angemessen auszudrücken. Dies kann zu Konflikten mit anderen Kindern oder zu Schwierigkeiten beim Aufbau und der Pflege von Freundschaften führen. Kinder mit unsicherer Bindung können auch Schwierigkeiten haben, Vertrauen zu anderen aufzubauen und sich auf Beziehungen einzulassen. Sie können das Empfinden haben, dass ihre Bedürfnisse nicht erfüllt werden, auch wenn sie von anderen Personen umsorgt werden, was dazu führen kann, dass sie sich zurückziehen oder Schwierigkeiten haben, intime Beziehungen einzugehen.

Eine sichere Bindung in der frühen Kindheit ist ein entscheidender Faktor für eine gesunde psychische Entwicklung. Die Bindungstheorie hat gezeigt, dass die Beziehungsqualität zu den Bezugspersonen eine wichtige Rolle spielt und dass Kinder sehr stark von ihrem Umfeld geprägt werden. Für den sicheren Bindungsaufbau ist es bedeutsam, dass die Eltern und andere Bezugspersonen dazu fähig sind, feinfühlig und in angemessener Weise auf die individuellen Kinderbedürfnisse einzugehen. Erleben Kinder sichere Bindungen, ist es ihnen auch in ihrem zukünftigen Leben möglich, sichere Bindungen zu ihrem Umfeld aufzubauen. Eine sichere Bindung bietet sowohl in der Kindheit als auch im Erwachsenenalter psychischen Schutz und eine stabile Basis für eine positive Persönlichkeitsentwicklung. Sicher gebundene Kinder sind belastbarer, haben mehr Bewältigungsmöglichkeiten und leben in freundschaftlichen

Beziehungen. Sie verhalten sich in Konflikten sozialer, sind weniger aggressiv und finden Lösungen, die ihnen weiterhelfen. Außerdem sind sie kreativer, flexibler, ausdauernder und haben eine bessere Lern- und Merkfähigkeit sowie eine bessere Sprachentwicklung als unsicher gebundene Kinder. Die Vorteile einer sicheren Bindung wirken sich auch im Erwachsenenalter aus und unterstützen die Fähigkeit, ein gutes soziales Netzwerk aufzubauen und in einer stabilen, gesunden Partnerschaft zu leben. Eine sichere Bindung kann insgesamt zu mehr Wohlbefinden im Leben führen.

DIE MENSCHLICHEN GRUNDBEDÜRFNISSE

Die entwicklungspsychologische und neurobiologische Forschung hat sich in den letzten 20 Jahren intensiv mit dem mentalen Bauplan des Menschen beschäftigt. Wissenschaftliche Erkenntnisse von Richard M. Ryan und Edward l. Deci, Klaus Grawe und Allan N. Schore (2006) zeigen, dass Menschen Emotionen und psychologische Grundbedürfnisse haben. Diese Bedürfnisse sind Bindung, Autonomie, Anerkennung und Exploration. Diese Bedürfnisse werden durch intrapsychische Motivationssysteme gesteuert, die den psychischen Grundbedürfnissen zugrunde liegen.

Definition: Intrapsychische Motivationssysteme
Intrapsychische Motivationssysteme sind die inneren Antriebe und Kräfte, die unser Verhalten steuern und uns motivieren, bestimmte Ziele zu verfolgen. Sie sind Teil unserer Persönlichkeit und beeinflussen unser Wahrnehmen, Fühlen, Denken und Handeln.

Diese Systeme motivieren Menschen, ihre Bedürfnisse zu befriedigen. Karl Heinz Brisch und Klaus Grawe zufolge kann das Nichterfüllen eines oder mehrerer Bedürfnisse auf neurobiologischer Ebene zu Stress führen. Wird ein bzw. werden mehrere Bedürfnisse dauerhaft nicht erfüllt, kann dies zu psychosomatischen Erkrankungen und Stressfolgeerkrankungen wie Burnout führen. Zu den Grundbedürfnissen zählen hier

- Bindung,
- Autonomie,
- Anerkennung sowie
- Exploration.

Diese Grundbedürfnisse müssen erfüllt werden, um eine gesunde psychische und körperliche Entwicklung zu gewährleisten. Menschen sind bestrebt, ihre Grundbedürfnisse zu erfüllen, und wenn sie nicht erfüllt werden, werden sie anderweitig kompensiert. Daher ist es von großer Bedeutung, sich bewusst zu sein, welche Grundbedürfnisse man hat und wie man sie erfüllen kann, um ein gesundes und erfülltes Leben zu führen. Diese Grundbedürfnisse werden nachfolgend näher erläutert.

Bindung

Das Bedürfnis nach Bindung ist angeboren und dient dem Überleben des Individuums und der gesamten Spezies. Wenn Bindungen gestört sind oder fehlen, kann dies zu Stress führen, der sich negativ auf unser Gehirn auswirkt. Die Bindungsforschung hat sich intensiv mit diesem Bedürfnis auseinandergesetzt und festgestellt, dass es für das Überleben eines Säuglings von entscheidender Bedeutung ist, dass er Körperkontakt, körperliche Pflege und emotionale Zuwendung erfährt. Das Fehlen einer angemessenen Bindung kann schwerwiegende Folgen haben. Eltern, die ihre Kinder vernachlässigen, zurückweisen oder misshandeln, können das kindliche Bedürfnis nach Bindung frustrieren und beeinträchtigen. In den meisten Fällen führt eine unzureichende Befriedigung des Bindungsbedürfnisses zu einer Beeinträchtigung der Bindungsfähigkeit des Kindes.

Beispiel für das Bedürfnis nach Bindung beim Kind:

• Entwicklungsverzögerungen: Wenn ein Kind nicht genug Stimulation und Anregung erhält, kann dies zu Verzögerungen in der geistigen und körperlichen Entwicklung führen.

• Verhaltensauffälligkeiten: Vernachlässigte Kinder können aggressiv, ängstlich oder zurückhaltend werden. Sie können auch Schwierigkeiten haben, soziale Interaktionen zu verstehen und angemessen darauf zu reagieren.

• Psychische Erkrankungen: Vernachlässigung kann zu psychischen Erkrankungen wie Depressionen oder Angststörungen führen.

Es ist zu betonen, dass dieser Stress nicht nur bei kleinen Kindern auftritt. Auch Erwachsene können unter mangelhaften Bindungen leiden, die zu einem erhöhten Stressniveau führen können. Erwachsene, die unter diesem Stress leiden, sind meist in unsicheren Bindungen aufgewachsen (auf die verschiedenen Bindungstypen wird nachfolgend noch eingegangen). Wenn die Bindungen in unseren Beziehungen gut sind, haben wir weniger Stress und somit mehr Ressourcen für andere Aufgaben. Gute Bindungen können uns auch helfen, schwierige Zeiten besser zu überstehen, und uns vor Burnout schützen. Auf der anderen Seite können schlechte oder fehlende Bindungen zu einer höheren Stressbelastung führen. Dieser Stress kann sich negativ auf unsere psychische Gesundheit auswirken und langfristig ein erheblicher Risikofaktor für Burnout sein.

Autonomie

Die psychische Gesundheit des Menschen erfordert ein dynamisches Gleichgewicht zwischen den entgegengesetzten Seiten Bindung und Autonomie. Während Bindung das Bedürfnis nach Verbundenheit, Nähe und Unterstützung durch andere Menschen umfasst, bezeichnet Autonomie unser Bedürfnis nach eigener Entscheidungsfreiheit, Unabhängigkeit und Selbstverantwortung. Ein Mangel an Autonomie kann sich negativ auf unser Selbstwertgefühl, die emotionale Stabilität und die psychische Gesundheit auswirken.

Beispiel für das Bedürfnis nach Autonomie beim Kind:
Ein Beispiel für das Bedürfnis eines Kindes nach Autonomie ist, wenn es darauf besteht, seine Kleidung selbst auszusuchen und anzuziehen, auch wenn dies bedeutet, dass sie nicht dem Geschmack oder den Wünschen der Eltern entspricht. Wenn dieses Bedürfnis nach Autonomie nicht respektiert wird und das Kind nicht die Möglichkeit hat, seine eigenen Entscheidungen zu treffen, kann dies zu Frustration, Unzufriedenheit und einem Gefühl der Machtlosigkeit führen. Das Kind kann das Vertrauen in seine eigenen Fähigkeiten verlieren und sich als inkompetent oder unwichtig erleben. Dies kann sich negativ auf das Selbstwertgefühl, die emotionale Stabilität und die psychische Gesundheit des Kindes auswirken. Es kann auch dazu führen, dass das Kind rebelliert oder seine Bedürfnisse auf ungesunde Weise ausdrückt, um Autonomie zu erlangen.

Das Kleinkind möchte nicht nur kuscheln und gefüttert werden, sondern hat auch einen angeborenen Forscherdrang, um die Außenwelt zu erforschen und zu lernen. Diese Neugier sollte nicht durch übermäßige Fürsorge und Kontrolle unterdrückt werden, da dies zu Frustration führen und das Selbstwertgefühl des Kindes beeinträchtigen kann. Kinder, die in einer solchen überbehüteten Umgebung aufwachsen, haben oft Schwierigkeiten, ihre Möglichkeiten voll auszuschöpfen, und neigen dazu, als Erwachsene unselbständig und abhängig zu werden. Alternativ können sie versuchen, ihre Freiheit auf übertriebene Weise zu nutzen und Macht auszuüben, um ihre Autonomie zu bewahren. Autonomie umfasst jedoch nicht nur die Fähigkeit, eigene Entscheidungen zu treffen, sondern auch, Gefühle und Bedürfnisse auszudrücken. Die Fähigkeit, Emotionen auszudrücken und Bedürfnisse zu artikulieren, ist für eine gesunde Entwicklung von entscheidender Bedeutung. Autonomie beinhaltet somit auch das Bedürfnis nach Kontrolle und Orientierung, was in der Psychotherapie als Kontrollüberzeugungen bezeichnet wird. Das Gefühl, Kontrolle über die eigene Umwelt und die eigene Person zu haben, kann das Selbstvertrauen und die psychische Gesundheit fördern. Das Bedürfnis nach Autonomie bei Kindern ist somit ein wichtiger Bestandteil ihrer emotionalen und psychologischen Entwicklung. Wenn es nicht respektiert wird, kann dies langfristige Auswirkungen auf das Wohlbefinden des Kindes bis ins Erwachsenenalter haben. Daher sollten die Bezugspersonen ihr Bestes tun, um das Bedürfnis nach Autonomie zu unterstützen und sicherzustellen, dass Kinder ihre eigenen Entscheidungen treffen und Verantwortung übernehmen können.

Anerkennung

Nach den Erkenntnissen von Baumeister und Leary (1995) benötigen Menschen lebenslang wiederkehrende, wohlwollende Aufmerksamkeit, Bestätigung und Anerkennung, um ihr Selbstwertgefühl aufrechtzuerhalten. Das Ausbleiben dieser Bestätigung kann zu einem Kompensationsversuch führen, bei dem der Einzelne bis zur Erschöpfung arbeitet, um sein Selbstwertgefühl zu erhalten. Unser angeborenes Bedürfnis nach Bindung ist eng verbunden mit unserem angeborenen Bedürfnis nach Anerkennung. Wir wollen uns angenommen und wertgeschätzt fühlen. Wenn eine Mutter ihr Kind beim Wickeln anlächelt, ist das für das Kind wie ein Spiegel, der ihm zeigt, dass die Mutter sich über seine Existenz freut. Forscher sprechen deshalb von einem „gespiegelten Selbstwertgefühl".

Beispiel für das Bedürfnis nach Anerkennung beim Kind:
Ein Beispiel für das Bedürfnis eines Kindes nach Anerkennung wäre, wenn ein Kind stolz sein Bild oder sein Spielzeug zeigt und keine Anerkennung und kein Lob von seinen Eltern oder anderen Erwachsenen erhält. Wenn das Kind keine positiven Reaktionen auf seine Leistungen erhält, kann dies zu einem Mangel an Selbstvertrauen und Selbstwertgefühl führen. Mangelnde Anerkennung kann verschiedene Folgen haben. Das Kind kann sich unbedeutend fühlen und das Gefühl haben, dass seine

Leistungen und Anstrengungen nichts wert sind. Es kann Schwierigkeiten haben, Entscheidungen zu treffen oder Verantwortung zu übernehmen, weil es sich nicht genug zutraut. Mangelnde Anerkennung kann auch dazu führen, dass sich das Kind ungeliebt oder abgelehnt fühlt und negative Verhaltensweisen wie Aggression oder Rückzug zeigt. Wenn das Kind das Gefühl hat, nicht anerkannt zu werden, kann es versuchen, dies zu kompensieren, indem es immer härter arbeitet und seine Leistungen verbessert, um endlich die Anerkennung zu erhalten, die es braucht. Dies kann jedoch zu Erschöpfung und Burnout führen, da das Kind nie das Gefühl hat, gut genug zu sein, und ständig unter Druck steht, seine Leistungen zu verbessern.

Wenn Kinder in ihrem Bedürfnis nach Anerkennung enttäuscht werden, kann ihr Selbstwertgefühl instabil werden und sie können von äußerer Anerkennung abhängig werden. Es ist jedoch wichtig, zwischen echtem und falschem Selbstwert zu unterscheiden. Ein echtes Selbstwertgefühl beinhaltet die Fähigkeit, Kränkungen und persönliche Misserfolge zu ertragen und zu verarbeiten, ohne die Arbeitsbeziehungen zu belasten. Falsches Selbstwertgefühl hingegen beruht auf einer übermäßigen Abhängigkeit von der Meinung anderer und kann zu einem brüchigen Selbstwertgefühl führen. Ein gutes, echtes Selbstwertgefühl umfasst verschiedene Aspekte, darunter Selbstvertrauen, Selbstsicherheit, Selbstakzeptanz, Selbstannahme, Selbstliebe, Selbstrespekt, Selbstachtung, gesunde Selbstbehauptung und Selbstabgrenzungsfähigkeit, Selbstmitgefühl und Selbstwohlwollen. Diese Fähigkeiten sind notwendig, um ein positives Selbstbild zu entwickeln und eine gesunde psychische Entwicklung zu unterstützen.

Exploration

Das Grundbedürfnis der Exploration bezieht sich auf den menschlichen Drang, neue Erfahrungen zu sammeln, unbekanntes Terrain zu erkunden und neue Fähigkeiten zu erlernen. Es ist ein grundlegendes menschliches Bedürfnis, das uns antreibt, uns zu entwickeln und zu wachsen.

Der Mensch hat schon immer das Bedürfnis gehabt, Neues zu entdecken und zu erforschen, sei es in der Natur, in anderen Kulturen oder in sich selbst. Die Befriedigung dieses Bedürfnisses kann zu einem Gefühl der Erfüllung und Selbstverwirklichung führen.

Erkundung kann verschiedene Formen annehmen, z. B. Reisen in fremde Länder, das Lesen von Büchern oder das Ausprobieren neuer Hobbys. Es ist auch ein wichtiger Aspekt des Lernens, da es uns ermöglicht, neue Informationen zu sammeln und unser Wissen zu erweitern.

Das Explorationsverhalten ist bei Kindern besonders ausgeprägt und wichtig, da es ihnen hilft, ihre Umwelt zu verstehen und ihre kognitiven, motorischen und sozialen Fähigkeiten zu entwickeln.

Kleine Kinder sind oft sehr neugierig und interessiert an ihrer Umwelt. Sie können stundenlang mit einfachen Dingen wie Spielzeug spielen oder mit ihren Händen experimentieren, um herauszufinden, wie Dinge funktionieren. Dieses Verhalten kann als forschendes Spielen bezeichnet werden und hilft Kindern, ihre Umwelt besser zu verstehen.

Wenn Eltern ihre Kinder übermäßig schützen und ihnen nicht genug Freiheit geben, ihre Umgebung zu erkunden, kann das zu einem mangelhaften Explorationsverhalten führen.

Beispiel für das Bedürfnis nach Exploration beim Kind:
Zum Beispiel könnten Eltern ihre Kinder ständig beaufsichtigen, sie keine neuen Orte besuchen lassen oder sie nicht ermutigen, neue Aktivitäten auszuprobieren. Dies kann dazu führen, dass Kinder ängstlich und unsicher werden und sich weniger entwickeln können als Kinder, die mehr Freiheit und Unterstützung haben, um ihre Umgebung zu erkunden und ihre Fähigkeiten zu entwickeln.

Wenn Kinder nicht ausreichend Gelegenheit haben, ihre Umwelt zu erkunden und neue Erfahrungen zu sammeln, kann ihre kognitive Entwicklung beeinträchtigt werden. Die Fähigkeit, zu lernen, neugierig zu sein und Probleme zu lösen, wird beeinträchtigt.

Exploration hilft Kindern auch, ihre Emotionen zu regulieren und Selbstvertrauen aufzubauen. Wenn sie jedoch nicht genügend Erfahrungen sammeln können, können sie Schwierigkeiten haben, mit ihren Gefühlen umzugehen und ihr Selbstwertgefühl zu stärken.

Kinder, die nicht über ausreichende Explorationserfahrungen verfügen, können Schwierigkeiten haben, Freundschaften zu schließen und soziale Fähigkeiten zu entwickeln. Sie können sich auch zurückziehen und schüchtern werden, weil sie nicht genügend Gelegenheiten haben, neue Menschen kennen zu lernen.

Ein Kind kann diese Folgen bis ins Erwachsenenalter mitnehmen und auch dann noch Probleme mit den oben genannten Punkten, wie z. B. dem richtigen Umgang mit Gefühlen oder dem Schließen von Freundschaften, haben.

Das Explorationsverhalten von Kindern ist ein natürlicher und wichtiger Teil ihrer Entwicklung, der ihnen hilft, ihre Umwelt zu verstehen, sich selbst herauszufordern und ihr Wissen und ihre Fähigkeiten zu erweitern. Bezugspersonen sollten Kinder daher in ihrem Explorationsverhalten unterstützen, indem sie ihnen Sicherheit und Freiraum zum Erkunden und Experimentieren bieten.

DIE VIER BINDUNGSTYPEN

Die Bindungstheorie von John Bowlby und die Experimente von Mary Ainsworth haben zu der Identifikation von vier Bindungstypen geführt, die jeweils bestimmte Muster des Bindungs- und Explorationsverhaltens von Kindern darstellen. Diese Bindungstypen sind:

- Unsicher-vermeidender Bindungstyp
- Sicherer Bindungstyp
- Unsicher-ambivalenter Bindungstyp
- Unsicher-desorganisierter Bindungstyp

Zur Identifikation des Bindungstyps und des entsprechenden Verhaltensmusters eines Kindes hat Mary Ainsworth den Fremden-Intuition-Test durchgeführt.

Definition: Fremden-Intuition-Test
Beim Fremden-Intuition-Test wurden Kinder im Alter von 11 bis 18 Monaten gemeinsam mit ihrer Bindungsperson und einer Testperson in einem unbekannten Raum beobachtet. Während die Bindungsperson das Zimmer verlässt und zu einem späteren Zeitpunkt zurückkehrt, wird das Verhalten des Kindes dokumentiert. Der Versuch zielt darauf ab, die jeweilige Verhaltensweise des Kindes bei Abwesenheit und Rückkehr der Bezugsperson zu beobachten und daraus Rückschlüsse auf die Bindung zwischen Kind und Bezugsperson zu ziehen.

Die Identifikation des Bindungstyps eines Kindes kann wichtige Informationen über die Qualität der Beziehung zwischen Kind und Bezugsperson liefern. So können geeignete Interventionsstrategien entwickelt werden, um die Bindung zwischen Kind und Bezugsperson zu stärken und die Entwicklung des Kindes zu unterstützen.

Durch die Unterstützung der Bindungsentwicklung kann das Kind seine Fähigkeit verbessern, Beziehungen aufzubauen und aufrechtzuerhalten, was sich positiv auf seine gesamte Lebensqualität auswirken kann.

Unsicher-vermeidender Bindungstyp

Der unsicher-vermeidende Bindungstyp beschreibt eine Bindungsform zwischen dem Kind und seinen Bezugspersonen, die durch mangelnde Fürsorge und emotionale Vernachlässigung gekennzeichnet ist. Erfahrungsgemäß zeigen Kinder mit diesem Bindungstyp bei Abwesenheit der Mutter keine Anzeichen von Besorgnis oder Vermissen. Stattdessen akzeptieren sie die fremde Person als Ersatz und setzen ihre Erkundungen und ihr Spiel ohne große Einschränkungen fort.

Unsicher-vermeidende Kinder sind jedoch oft innerlich sehr aufgewühlt und zeigen bei der Rückkehr der Mutter Ignoranz und Ablehnung gegenüber Körperkontakt. Dieses Verhalten ist typisch für unsicher-vermeidende Bindungsmuster und kann zu einer Reihe von Verhaltensweisen und Merkmalen bei Kindern und ihren Bezugspersonen führen.

Bezugspersonen von unsicher-vermeidenden Kindern zeigen häufig einen Mangel an Affektausdruck und eine Ablehnung von Körperkontakt. Sie sind oft verärgert und nehmen wenig Rücksicht auf die Bedürfnisse ihrer Kinder.

Unsicher-vermeidende Kinder selbst zeigen ein hohes Explorationsverhalten und ein geringes Bindungsverhalten. Sie internalisieren die Ablehnung und Zurückweisung ihrer Bezugspersonen und vermeiden weitere schmerzhafte Erfahrungen durch Kontaktvermeidung. Dadurch entwickeln sie kein Urvertrauen und haben kein Gefühl der Sicherheit, unterstützt zu werden. Als Schutzmechanismus unterdrücken sie Annäherungstendenzen und negative Gefühle, um Unsicherheiten zu vermeiden. Eine unsicher-vermeidende Bindung im Erwachsenenalter kann sich auf verschiedene Lebensbereiche auswirken, insbesondere auf die Beziehungen zu anderen Personen.

Menschen mit einem unsicher-vermeidenden Bindungsmuster können Schwierigkeiten haben, enge Beziehungen aufzubauen und aufrechtzuerhalten, da sie häufig dazu neigen, ihre emotionalen Bedürfnisse zurückzustellen und eine Distanz zu anderen Menschen aufrechtzuerhalten. In romantischen Beziehungen können Menschen mit einem unsicher-vermeidenden Bindungsmuster häufig Bindungsangst und Vermeidungsverhalten zeigen. Sie können Schwierigkeiten haben, Vertrauen aufzubauen und sich emotional zu öffnen, was zu einer emotionalen Distanz und einer Verringerung der emotionalen Intimität führen kann. Sie können auch dazu neigen, Konflikte zu vermeiden und sich zurückzuziehen, anstatt ihre Bedürfnisse und Gefühle offen zu äußern.

Im beruflichen Kontext können Menschen mit einem unsicher-vermeidenden Bindungsmuster dazu neigen, sich aus der Gruppenarbeit und der Zusammenarbeit mit anderen Menschen zurückzuziehen. Sie können Schwierigkeiten haben, Vertrauen zu Kollegen und Vorgesetzten aufzubauen, was zu Problemen bei der Zusammenarbeit und Teamarbeit führen kann.

Beispiel:
Ein Beispiel für einen Erwachsenen mit einem unsicher-vermeidenden Bindungsmuster könnte eine Person sein, die sich in einer langfristigen Beziehung befindet, aber Schwierigkeiten hat, Vertrauen aufzubauen und sich emotional zu öffnen.

Die Person könnte Schwierigkeiten haben, ihre Bedürfnisse und Gefühle auszudrücken, insbesondere, wenn es um tiefere emotionale Themen geht. Sie könnte dazu neigen, sich zurückzuziehen, wenn ihr Partner versucht, über Probleme in der Beziehung zu sprechen, und sich unwohl fühlen, wenn sie emotional abhängig von ihrem Partner ist.

Diese Person könnte auch dazu neigen, ihre eigenen Interessen und Aktivitäten zu priorisieren und ihre Zeit allein zu verbringen, anstatt Zeit mit ihrem Partner zu verbringen. Sie könnte sich unwohl fühlen, wenn sie von ihrem Partner zu sehr in Anspruch genommen wird und lieber ihre Unabhängigkeit bewahren möchte.

Diese Person könnte auch in der Arbeit Schwierigkeiten haben, effektiv mit anderen zusammenzuarbeiten, insbesondere in Gruppenprojekten. Sie könnte dazu neigen, allein zu arbeiten, und Schwierigkeiten haben, Feedback und Unterstützung von anderen anzunehmen.

Ein unsicher-vermeidendes Bindungsmuster ist nicht unveränderlich und Menschen sind in der Lage, ihre Bindungsmuster zu verändern, unter anderem durch Selbstreflexion.

Sicherer Bindungstyp

Der sichere Bindungstyp ist ein Bindungsmuster, das durch eine gesunde Beziehung zwischen Kindern und ihren engen Bezugspersonen gekennzeichnet ist. Sicher gebundene Kinder zeigen durch ihr Verhalten, dass sie Vertrauen zu ihren Bezugspersonen haben und sich in deren Nähe sicher fühlen.

Ein wichtiges Merkmal des sicheren Bindungstyps ist, dass diese Kinder in der Lage sind, ihre Gefühle auszudrücken und sich emotional zu regulieren. Wenn sie, wie in Ainsworths Experiment, allein gelassen werden, zeigen sie typischerweise Anzeichen von Unbehagen oder Angst, wie Weinen oder Schreien. Sobald die Bezugsperson zurückkehrt, sind sie in der Lage, sich schnell zu beruhigen und ihre Freude über die Rückkehr auszudrücken.

Kinder mit einer sicheren Bindung haben auch ein Urvertrauen in sich selbst und in ihre Bezugspersonen. Sie finden ein gesundes Gleichgewicht zwischen Bindung und Exploration und können sich problemlos von ihren Bezugspersonen lösen, um neue Erfahrungen zu machen.

Die Bezugspersonen dieser Kinder zeigen Verlässlichkeit und emotionale Stabilität, was dazu beiträgt, dass sich das Kind sicher und geborgen fühlt. Der sichere Bindungstyp ist also ein gesundes Bindungsmuster, das es Kindern ermöglicht, sich in ihrer Umwelt sicher und geborgen zu fühlen und ihre Emotionen auszudrücken.

Eine sichere Bindung in der Kindheit kann sich auch im Erwachsenenalter positiv auswirken. Erwachsene mit einer sicheren Bindung haben oft eine positive Einstellung zu Beziehungen und sind in der Lage, tiefere und befriedigendere zwischenmenschliche Beziehungen aufzubauen und aufrechtzuerhalten. Menschen mit einer sicheren Bindungserfahrung haben ein höheres Maß an emotionaler Stabilität, Selbstvertrauen und Selbstwertgefühl. Sie sind in der Lage, ihre eigenen Emotionen zu regulieren und mit Stress und schwierigen Situationen umzugehen. In zwischenmenschlichen Beziehungen zeigen sie häufig ein höheres Maß an Empathie, Offenheit und Ehrlichkeit.

Darüber hinaus haben Menschen mit einer sicheren Bindung oft ein besseres Verständnis für die Bedürfnisse anderer und sind in der Lage, diese Bedürfnisse zu erfüllen und emotionale Unterstützung zu geben. Sie sind auch eher in der Lage, langfristige und erfüllende romantische Beziehungen einzugehen.

Beispiel:
Sarah ist eine 35-jährige Frau, die seit fünf Jahren mit ihrem Partner Manuel zusammenlebt. Sie führen eine harmonische Beziehung und sind in der Lage, Konflikte konstruktiv zu lösen. Sarah vertraut Manuel und fühlt sich in seiner Nähe sicher und geborgen. Sie teilen ihre Gedanken und Gefühle offen und ehrlich miteinander und unterstützen sich gegenseitig in schwierigen Zeiten.

Sarah hat auch enge Freundschaften und ein gutes Verhältnis zu ihrer Familie. Sie kann ihre Gefühle gut regulieren und zeigt ein hohes Maß an Einfühlungsvermögen und Verständnis für die Bedürfnisse anderer. Sie hat auch ein gesundes Selbstwertgefühl und Selbstvertrauen und ist in der Lage, ihre eigenen Bedürfnisse und Grenzen klar zu kommunizieren.

Insgesamt führt eine sichere Bindung im Erwachsenenalter zu einem höheren Maß an Zufriedenheit und Wohlbefinden in zwischenmenschlichen Beziehungen sowie zu einer besseren emotionalen und psychischen Gesundheit.

Unsicher-ambivalenter Bindungstyp

Der unsicher-ambivalente Bindungstyp bezieht sich auf Kinder, die durch das widersprüchliche und unvorhersehbare Verhalten ihrer Bezugspersonen in der Kindheit ängstlich und verunsichert sind. Diese Kinder zeigen ein verstärktes Bindungsverhalten und sind weniger bereit, ihre Umwelt zu erkunden.

Sie sind stark auf die Bindungsperson fixiert und ihr Bindungssystem wird durch das ambivalente Verhalten der Bezugsperson chronisch aktiviert. Obwohl sie auf die Ambivalenz ihrer Bezugsperson mit Wut und Widerstand reagieren, suchen sie danach trotzdem Nähe und Kontakt.

Wenn diese Kinder, wie im Experiment, getrennt werden, versuchen sie, Trennungen zu vermeiden, und brauchen Zeit, um sich zu beruhigen, wenn sie wieder mit ihrer Bezugsperson zusammen sind. Das Verhalten und die Eigenschaften der Bezugspersonen, die zu diesem Bindungstyp führen, sind widersprüchlich und unvorhersehbar.

Eine unsicher-ambivalente Bindung in der Kindheit kann sich im Erwachsenenalter fortsetzen und Auswirkungen auf zwischenmenschliche Beziehungen haben. Menschen mit diesem Bindungstyp können in romantischen Beziehungen ängstlich und unsicher sein und Schwierigkeiten haben, Vertrauen aufzubauen.

Sie neigen dazu, ein höheres Maß an emotionalem Stress und an Unsicherheit in Beziehungen zu erleben, was oft auf ihre Schwierigkeiten bei der Bewältigung von Trennungen zurückzuführen ist. Sie neigen auch dazu, ihre Beziehungspartner als unzuverlässig und unberechenbar wahrzunehmen, was den Aufbau von Vertrauen in der Beziehung erschweren kann.

Darüber hinaus können Menschen mit einer unsicher-ambivalenten Bindung im Erwachsenenalter Schwierigkeiten haben, ihre eigenen Bedürfnisse und Wünsche in Beziehungen auszudrücken, da sie sich häufig auf die Bedürfnisse ihres Partners konzentrieren. Dies kann zu einem Ungleichgewicht in der Beziehung führen und dazu beitragen, dass sie sich unsicher und unerfüllt fühlen.

Beispiel für eine unsicher-ambivalente Bindung im Erwachsenenalter:
Ein Beispiel für einen Erwachsenen mit einer unsicher-ambivalenten Bindung wäre, dass er in einer romantischen Beziehung Schwierigkeiten hat, Vertrauen aufzubauen, und Unsicherheit in Bezug auf die Beziehung empfindet, auch wenn es keine Anzeichen für tatsächliche Probleme gibt. Er könnte sich aufgrund früher Erfahrungen in der Kindheit ständig Sorgen machen, dass die Partnerin ihn verlassen könnte, und es schwierig finden, seine eigenen Bedürfnisse zu äußern, aus Angst, die Beziehung zu gefährden.

Der Erwachsene könnte beispielsweise dazu neigen, sich in der Beziehung auf seine Partnerin zu konzentrieren und ihre Bedürfnisse über seine eigenen zu stellen, aus Angst, sie könnte sich sonst von ihm abwenden. Gleichzeitig könnte er sich ängstlich und unsicher fühlen, wenn seine Partnerin in der Beziehung unberechenbar ist oder seine Bedürfnisse nicht erfüllt.

Jedoch haben nicht alle Menschen mit einer unsicher-ambivalenten Bindung im Erwachsenenalter Schwierigkeiten in ihren Beziehungen. Viele Menschen können lernen, ihre Unsicherheit zu überwinden und gesunde, glückliche Beziehungen zu führen, indem sie positive Erfahrungen in späteren Beziehungen machen und gezielt an ihren emotionalen Herausforderungen arbeiten.

Unsicher-desorganisierter Bindungstyp

Der unsicher-desorganisierte Bindungstyp ist ein Bindungsstil, der durch emotional inkonsistentes Verhalten gekennzeichnet ist. Kinder, die diesem Bindungstyp angehören, zeigen häufig ein widersprüchliches Verhalten ihren Bezugspersonen gegenüber, das zwischen der Suche nach Nähe und der Abwendung von ihnen schwankt. Dieses Verhalten kann sowohl durch eine schlechte Bindung zur primären Bezugsperson als auch durch traumatische Erfahrungen hervorgerufen werden.

Experimentell wurde festgestellt, dass Kinder des unsicher-desorganisierten Bindungstyps ähnlich wie unsicher-gebundene Kinder ein erhöhtes Stressniveau aufweisen. Dies kann sich in Aggressivität, Stimmungsschwankungen oder mangelndem Gefühlsausdruck äußern.

Kinder mit diesem Bindungstyp haben Schwierigkeiten, stabile Beziehungen aufzubauen und Vertrauen in sich und andere zu entwickeln. Sie können auch an psychischen Erkrankungen wie Depressionen oder Sucht leiden. Die Bezugspersonen von Kindern mit diesem Bindungstyp haben oft Schwierigkeiten, ihre Ängste zu überwinden und eine gute Bindung zu ihren Kindern aufzubauen.

Eine unsicher-desorganisierte Bindung in der Kindheit kann sich auf verschiedene Weise im Erwachsenenalter auswirken. Erwachsene mit diesem Bindungsstil können Schwierigkeiten haben, stabile und sichere Beziehungen aufzubauen und aufrechtzuerhalten.

Sie können auch Angst haben, sich auf andere Menschen zu verlassen und sich emotional zu öffnen, da sie oft unsicher sind, wie sie mit ihren eigenen Gefühlen umgehen sollen. Diese Unsicherheit kann auch dazu führen, dass sie sich in Beziehungen inkonsequent oder widersprüchlich verhalten, ähnlich wie in ihrer Kindheit.

Darüber hinaus können Erwachsene mit unsicher-desorganisierten Bindungen ein höheres Risiko für psychische Erkrankungen, wie Depressionen, Angstzustände und posttraumatische Belastungsstörungen, haben. Sie können auch Schwierigkeiten haben, ihr eigenes Verhalten und ihre Emotionen zu regulieren, und neigen eher zu negativen Bewältigungsstrategien, wie Drogenmissbrauch oder ungesunde Beziehungen.

Beispiel für einen Erwachsenen mit einer unsicher-desorganisierten Bindung:
Peter ist 30 Jahre alt und hatte eine schwierige Beziehung zu seiner Mutter in seiner Kindheit. Seine Mutter war emotional instabil und konnte sich nicht um ihn kümmern, wenn er es am meisten brauchte. Sie war oft abwesend und wenn sie da war, konnte sie seine Bedürfnisse nicht immer angemessen erfüllen. Peter lernte, dass er sich nicht auf seine Mutter verlassen konnte und dass es besser war, allein zu sein, um nicht enttäuscht zu werden.

Im Erwachsenenalter hat Peter immer noch Schwierigkeiten, Beziehungen aufzubauen und aufrechtzuerhalten. Er sehnt sich nach emotionaler Nähe und sucht oft nach einer engen Beziehung, aber sobald er eine gefunden hat, wird er unsicher und beginnt, sich von seinem Partner zurückzuziehen. Er hat Angst, dass er verletzt oder enttäuscht wird, und kann sich nicht wirklich öffnen, um die Nähe zu genießen, die er sucht.

Peter hat auch Schwierigkeiten, seine eigenen Emotionen zu regulieren, besonders, wenn er sich unsicher fühlt. Er kann impulsiv und unvorhersehbar werden und beginnen, ungesunde Verhaltensweisen, wie Drogenmissbrauch oder exzessives Essen, zu zeigen. Er hat Schwierigkeiten, seine eigenen Gefühle zu verstehen, und kann oft nicht erklären, warum er sich so fühlt, wie er es tut.

Eine unsichere und desorganisierte Bindung im Erwachsenenalter ist jedoch nicht zwangsläufig Schicksal. Durch ausreichende Selbstreflexion können Erwachsene lernen, ihre Verhaltens- und Bindungsmuster zu verstehen und zu verbessern, um stabilere und gesündere Beziehungen aufzubauen.

SCHEINBAR IMMER WIEDERKEHRENDE MUSTER: DAS DRAMA DER REINSZENIERUNG

Unsere Kindheit prägt unser Leben in vielerlei Hinsicht. Es ist der Grundstein, auf dem wir unser Verhalten, unsere Beziehungen und unsere Persönlichkeit aufbauen. Wenn wir als Kind unerfüllte Bedürfnisse hatten, kann dies langfristige Auswirkungen auf unser Leben haben. Insbesondere können sich diese unerfüllten Bedürfnisse in unserer Erwachsenenbeziehung manifestieren. Diesen Prozess beschreibt das Phänomen der sogenannten Reinszenierung.

Definition: Reinszenierung
Das Phänomen der „Reinszenierung" beschreibt die Tendenz, dass Menschen ähnliche Beziehungsmuster in ihrer Erwachsenenbeziehung wiederholen, die sie als Kind erlebt haben.

Wenn wir als Kind nicht die Liebe und Aufmerksamkeit bekommen haben, die wir brauchten, können wir als Erwachsene unangemessene Verhaltensmuster in Beziehungen entwickeln, um diese Bedürfnisse zu erfüllen. Wir können uns beispielsweise zu Menschen hingezogen fühlen, die uns ablehnen oder uns emotional unerreichbar erscheinen. Dieses Verhalten kann zu schwerwiegenden Beziehungsproblemen führen.

Beispiel für eine Reinszenierung:
Eine Person, die als Kind sexuell missbraucht wurde, hat aufgrund dieser traumatischen Erfahrung ein tiefes Gefühl von Scham und Schuld entwickelt. Diese negativen Gefühle können dazu führen, dass sie sich minderwertig und ungeliebt fühlt.

Als Erwachsener trifft die Person auf einen Partner, der gewalttätig ist und ihr ähnliche Gefühle von Scham und Schuld vermittelt. Obwohl der Person bewusst ist, dass sie sich in einer ungesunden Beziehung befindet, kann sie sich nicht lösen und bleibt bei ihrem Partner.

In diesem Fall kann die Reinszenierung darin bestehen, dass die Person die Muster ihres Verhaltens erkennt und versucht, sie zu ändern.

Die Bindungstheorie von John Bowlby betont die Bedeutung einer sicheren Bindung an unsere Eltern in der Kindheit. Wenn wir in unserer Kindheit eine sichere Bindung zu unseren Eltern aufbauen konnten, sind wir als Erwachsene eher in der Lage, gesunde Beziehungen aufzubauen und aufrechtzuerhalten. Hingegen können unsichere Bindungen in der Kindheit zu emotionaler Instabilität und einem höheren Risiko für psychische Erkrankungen führen. Phillip R. Shavers und Mario Miculincers Studien im Jahr 2007 haben gezeigt, dass Erwachsene, die in ihrer Kindheit unsicher gebunden waren, eher Beziehungsprobleme haben als solche, die sicher gebunden waren. Unsicher gebundene Erwachsene können Schwierigkeiten haben, Vertrauen aufzubauen und ihre emotionalen Bedürfnisse auszudrücken. Sie können auch dazu neigen, in ihren Beziehungen Verhaltensmuster zu wiederholen, die sie als Kind erlebt haben.

Beispiel für unsicher gebundene Erwachsene:
Ein unsicher gebundener Erwachsener kann dazu neigen, in einer Beziehung schnell eifersüchtig oder unsicher zu werden und ständig Bestätigung von seinem Partner zu benötigen, da er Schwierigkeiten hat, Vertrauen aufzubauen und seine eigenen Gefühle auszudrücken. Er könnte auch dazu neigen, sich in Konfliktsituationen zurückzuziehen oder diese zu vermeiden, anstatt das Problem aktiv anzugehen, weil er Angst vor Zurückweisung oder Konfrontation hat.

Unsere Kindheitserfahrungen prägen uns ein Leben lang und können sich in unserem Verhalten in Beziehungen widerspiegeln. Die Wiederholung von Konflikten und Mustern, auch bekannt als das Drama der Reinszenierung, kann dazu führen, dass wir uns immer wieder in ähnlichen Situationen wiederfinden.

Beispiel:
Kinder, die in Familien mit Suchtproblemen aufwachsen, können emotionalen Schmerz erleben, der oft nicht angemessen verarbeitet wird. Infolgedessen können sie sich isoliert, unsicher, ungeliebt oder unwichtig fühlen. Diese negativen Erfahrungen können dazu führen, dass Kinder im Laufe der Zeit negative Überzeugungen über sich selbst und die Welt entwickeln, die sich als Erwachsene in ihrer Persönlichkeit und ihrem Verhalten widerspiegeln.

Wenn ein Mensch nicht in der Lage ist, seine emotionalen Wunden zu heilen, kann es sein, dass er sich in Beziehungen wiederfindet, die ihm ähnliche negative Erfahrungen wie in der Kindheit bringen. Das innere Kind sucht unbewusst nach einer Wiederholung der vertrauten Dynamik, um diese negative Erfahrung zu verarbeiten und zu heilen.

Beispielsweise könnte ein Kind, das in einer Familie mit suchtkranken Eltern aufgewachsen ist, als Erwachsener in Beziehungen geraten, in denen es erneut vernachlässigt wird. Dies geschieht oft unbewusst, da das innere Kind (wird im nachfolgenden Kapitel näher erläutert) hofft, dass es in der neuen Beziehung eine Gelegenheit hat, seine ungelösten emotionalen Wunden zu heilen. Wenn der Partner jedoch auch suchtkrank ist, kann dies dazu führen, dass das innere Kind sich noch mehr vernachlässigt und missverstanden fühlt, da der Partner möglicherweise in seiner eigenen Sucht verstrickt ist und nicht in der Lage ist, dem Partner die Unterstützung zu bieten, die er benötigt.

Insgesamt haben Ihre Erfahrungen in der Kindheit einen großen Einfluss darauf, wie Sie sich in Beziehungen verhalten. Durch die Reinszenierung von Ereignissen können ähnliche Konflikte und Muster in Ihren Beziehungen immer wieder auftreten. Indem Sie diese Muster erkennen und sich mit Ihrem inneren Kind auseinandersetzen, können Sie die Muster durchbrechen und gesunde Beziehungen aufbauen.

Mein inneres Kind kennenlernen

In diesem Kapitel wird die Thematik des Kennenlernens unseres inneren Kindes behandelt. Das Konzept des inneren Kindes wurde durch die Arbeit von Pionieren wie John Bradshaw, Erika Chopich und Margaret Paul bekannt. Es beschreibt die Modellierung unserer inneren Lebenswelt und ist Sinnbild für die im Gehirn und im Körpergedächtnis verankerten Emotionen, Erinnerungen und Erfahrungen in unserer Kindheit. Dazu gehören sowohl positive Emotionen wie Freude und Glück als auch negative Gefühle wie Schmerz, Trauer, Verlassenheit, Angst oder Wut.

Das Konzept der Inneres-Kind-Arbeit basiert auf der Idee einer bewussten Trennung zwischen dem reflektierten Erwachsenen-Ich und dem erlebensorientierten inneren Kind. Ziel ist es, sowohl vergangene als auch gegenwärtige seelische Verletzungen zu heilen, dysfunktionale Glaubens- und Verhaltensmuster zu erkennen und eine selbstverantwortliche und kompetente Problemlösung zu fördern. Darüber hinaus geht es darum, einen wertschätzenden und liebevollen Umgangsstil mit sich und anderen zu entwickeln.

Ein zentraler Grundsatz der Arbeit mit dem inneren Kind ist, dass es niemals zu spät ist, eine glückliche Kindheit zu haben. Diese viel zitierte Aussage wird häufig Erich Kästner und Milton Erikson zugeschrieben. Ziel ist es, dass wir positive Kindheitserfahrungen ins Bewusstsein rufen und als Ressourcen nutzbar machen. Auch die in der Kindheit vermisste gefühlsmäßige Zugewandtheit, die bedingungslose Akzeptanz, die Liebe und die Fürsorglichkeit sollen im „Hier und Jetzt" vom erwachsenen Ich selbstbestimmt gegeben werden, um die seelischen Wunden aus Kindertagen zu heilen.

Um uns diese Kindheitserfahrungen ins Bewusstsein zu rufen, können zunächst diese Reflexionsimpulse dazu beitragen, unser inneres Kind kennenzulernen:

- Wie wurde ich als Kind von meinen Eltern oder Bezugspersonen behandelt? Was hat mir gutgetan, was hat mich verletzt?
- Welche Bedürfnisse hatte ich als Kind, die ich heute noch habe?
- Welche positiven Eigenschaften und Fähigkeiten habe ich als Kind entwickelt, die mir heute noch helfen können?
- Was waren meine Lieblingsspiele und Aktivitäten als Kind? Welche davon vermisse ich heute?
- Wie reagiere ich auf Situationen, in denen ich mich unsicher oder verletzlich fühle?

Im Folgenden werden wir uns mit dem Konzept des inneren Kindes vertraut machen und eine reflektierende Reise unternehmen, um uns bewusst zu werden, was unser inneres Kind ausmacht und welche Auswirkungen es auf unser tägliches Leben hat. Wir werden uns mit der Sonnenseite und der Schattenseite unseres inneren Kindes auseinandersetzen, erfahren, was unser inneres Kind zu sagen hat, und herausfinden, wo es sich selbst im Weg steht.

DIE SONNENSEITE

Unsere Emotionen und unser Lebensgefühl werden nicht nur durch unsere angeborenen Fähigkeiten und Ressourcen bestimmt, sondern auch durch unsere Kindheitserfahrungen. Die Sonnenseite steht für positive Prägungen und gute Gefühle wie Lebensfreude und Liebe, die aus einem gesunden Selbstwert und einem Grundvertrauen in die eigenen Fähigkeiten resultieren und uns helfen, die Hürden unseres Lebens zu meistern. Das innere Kind, das auf der Seite der positiven Entwicklung und Sozialisation steht, folgt seiner Berufung und seinem Glück und fühlt sich selbstbewusst und zufrieden.

Auf der anderen Seite steht die „Schattenseite" unserer Psyche, die uns vor allem dann immer wieder Sorgen bereiten kann, wenn sie nicht wahrgenommen und nicht verarbeitet wird. Jeder Einzelne hat entsprechend seiner Veranlagung und seiner frühen Erlebnisse in der Kindheit mehr oder weniger ausgeprägte „Sonnenseiten" und „Schattenseiten" in sich. Es ist wichtig, unsere Kindheitserfahrungen zu reflektieren und bewusst mit unseren „Schattenseiten" umzugehen, um ein ausgeglichenes und erfülltes Leben führen zu können. Wenn wir unser inneres Kind kennen lernen und uns unserer Fähigkeiten und Ressourcen bewusstwerden, können wir unsere Stärken nutzen, um die Herausforderungen des Lebens zu meistern und unsere Ziele zu erreichen.

Eine praktische Intervention, um unser inneres Kind kennen zu lernen und uns mit unserem Sonnenkind zu verbinden, ist die Arbeit mit dem inneren Kind.

Dabei geht es darum, die eigenen Kindheitserfahrungen zu reflektieren und sich darüber klar zu werden, welche Prägungen und Erfahrungen uns geformt haben. Dabei können verschiedene Übungen und Techniken helfen, wie zum Beispiel das Schreiben eines Briefes an das eigene Kindheits-Ich oder das Visualisieren einer idealen Kindheit.

Eine weitere Intervention, die sich bewährt hat, ist die Arbeit mit Affirmationen und positiven Selbstgesprächen. Indem wir uns positive Botschaften wie „Ich bin wertvoll und liebenswert" oder „Ich habe alle Fähigkeiten, um meine Ziele zu erreichen" vermitteln, können wir unser Selbstwertgefühl stärken und unser Sonnenkind zum Vorschein bringen.

Auch die Arbeit mit kreativen Ausdrucksformen wie Malen oder Tanzen kann uns helfen, unser inneres Kind kennen zu lernen und uns mit unserem Sonnenkind zu verbinden. Es geht darum, unseren Gefühlen Ausdruck zu verleihen und unsere Kreativität zu entfalten, um uns mit unserem inneren Kind zu verbinden und uns selbst zu entfalten.

Diese Übungen können uns helfen, uns selbst besser zu verstehen und unsere Stärken zu nutzen, um unser Leben positiv zu gestalten. Indem wir uns mit unserem Sonnenkind verbinden und unsere positiven Prägungen und Emotionen stärken, können wir ein intaktes Selbstwertgefühl und Urvertrauen aufbauen, um den Herausforderungen des Lebens gelassen und zuversichtlich zu begegnen.

DIE SCHATTENSEITE

Wenn unsere Grundbedürfnisse oft nicht erfüllt wurden, können wir Schutzmechanismen entwickeln und negative Überzeugungen annehmen, die uns dazu veranlassen, einen Panzer um unseren Körper und Charakter zu bilden. Der emotionale Schmerz unseres inneren Kindes, der durch die Unterdrückung unseres wahren Selbst entsteht, kann dazu führen, dass wir unsere unbewusste „Schattenseite", die von Trauer, Wut, Scham und Schuldgefühlen bewacht wird, verbergen. Das Selbstwertgefühl unseres Schattenkindes ist sehr zerbrechlich und unser Vertrauen in andere Menschen kann erschüttert sein.

Um die belastenden Emotionen nicht fühlen zu müssen, haben wir oft Strategien entwickelt, die uns helfen, uns selbst zu schützen. Diese Schutzstrategien können sehr unterschiedlich sein und reichen von Rückzug und Isolation bis hin zu Perfektionsstreben oder Machtstreben. Wir sind oft stolz auf diese Strategien, weil sie uns in der Vergangenheit geholfen haben, schwierige Situationen zu bewältigen. Auf diese Schutzstrategien wird im Folgenden noch genauer eingegangen.

Dennoch können diese Schutzstrategien uns auch daran hindern, uns weiterzuentwickeln und unsere Beziehungen zu anderen Menschen zu vertiefen. Um unser inneres Kind kennenzulernen und zu heilen, ist es deshalb wichtig, uns diesen Strategien bewusst zu werden und zu verstehen, wie sie uns beeinflussen.

Wir sollten damit beginnen, unsere tiefsten Emotionen und Ängste zu erkennen, die uns daran hindern, uns zu entfalten. Dabei ist es wichtig, dass wir uns Zeit nehmen, in uns hineinzuhorchen und unsere Gefühle zu spüren. Es kann helfen, Gedanken und Gefühle in einem Tagebuch aufzuschreiben und mit einer vertrauten Person zu teilen.

Als Nächstes können wir versuchen, positive Erfahrungen und Erinnerungen aus unserer Kindheit zu aktivieren. Denken wir an Momente der Freude, des Glücks und der Geborgenheit. Stellen wir uns in diesen Momenten vor und spüren wir die positiven Gefühle.

Eine weitere wichtige Intervention ist die Arbeit mit dem Körper. Oft sind tiefe Emotionen in unserem Körper gespeichert, die wir durch Körperarbeit und Achtsamkeitsübungen freisetzen und transformieren können. Yoga, Meditation, Atemübungen und Massagen können helfen, uns mit unserem Körper zu verbinden und innere Blockaden zu lösen. Durch die Verbindung von Körper und Geist können wir unser inneres Kind besser verstehen und ihm liebevoll begegnen.

Hinweis: Geführte Meditationen finden Sie als Audio-Dateien im Workbookteil unter ‚Bonus'.

Durch die Auseinandersetzung mit Ihrem Inneren Kind können Sie lernen, liebevoller und achtsamer zu sich selbst zu sein und Ihre persönlichen Bedürfnisse und Erwartungen zu erkennen. Es ist jedoch zu betonen, dass dies ein langer und oft schmerzhafter Prozess sein kann. Er erfordert viel Geduld, Selbstreflexion und die Bereitschaft, sich den eigenen Schattenseiten zu stellen. Indem Sie sich Zeit für sich selbst nehmen, sich mit Ihren Gefühlen auseinandersetzen und sich selbst mit Liebe und Achtsamkeit begegnen, können Sie eine tiefere Verbundenheit mit sich selbst und Ihren Mitmenschen aufbauen und ein erfüllteres Leben führen.

WAS DAS INNERE KIND ZU SAGEN HAT

Unser inneres Kind ist der Anteil in uns, der sich aus unseren Erfahrungen und Erlebnissen in der Kindheit entwickelt hat. Es enthält alle unverarbeiteten Gefühle, Bedürfnisse und Wünsche, die wir als Kind hatten und die uns bis heute prägen.

In unserer modernen Welt, in der Leistung und Produktivität oft an erster Stelle stehen, vergessen wir oft unsere eigenen Bedürfnisse und Emotionen. Wir vernachlässigen uns selbst und überhören dabei das, was unser inneres Kind zu sagen hat. Doch das innere Kind meldet sich, wenn wir uns gestresst oder überfordert fühlen. Es zeigt uns, dass wir uns zu wenig um unsere Bedürfnisse kümmern und uns selbst vernachlässigen. Wenn wir uns jedoch die Zeit nehmen, auf unsere inneren Bedürfnisse zu hören und uns selbst liebevoll zu behandeln, können wir beginnen, unser inneres Kind zu heilen und uns selbst in ein positives Licht zu rücken.

Das innere Kind ist ein wichtiger Faktor für unser Wohlbefinden und unsere psychische Gesundheit. Es hält uns dazu an, uns mit unseren unbewussten Bedürfnissen und Emotionen zu verbinden und uns selbst liebevoll zu behandeln. Denn nur, wenn wir uns selbst akzeptieren und lieben, können wir auch andere lieben und glücklich sein.

Indem wir uns auf unser inneres Kind einlassen und auf seine Anliegen und Wünsche hören, können wir uns selbst besser verstehen und unser persönliches Potenzial entfalten. Wir können unsere Kreativität und Intuition stärken und uns zu einem glücklicheren und erfüllteren Leben verhelfen.

Ein Schritt, um unser inneres Kind kennenzulernen, ist die bewusste Auseinandersetzung mit unseren eigenen Bedürfnissen und Emotionen. Wir sollten uns fragen, was uns wirklich glücklich macht und was uns Energie gibt. Auch sollten wir uns fragen, was uns belastet und welche unverarbeiteten Erlebnisse und Emotionen wir mit uns tragen.

Dabei ist es wichtig, sich selbst gegenüber ehrlich und offen zu sein. Wir sollten uns erlauben, uns zu öffnen und unsere Gefühle zu zeigen, auch wenn es manchmal schmerzhaft sein kann. Denn nur, wenn wir unsere Gefühle zulassen und akzeptieren, können wir sie auch heilen.

Eine praktische Übung, um das innere Kind kennenzulernen und sich bewusst mit den eigenen Bedürfnissen und Gefühlen auseinanderzusetzen, ist das Führen eines Gefühlstagebuchs. Hierzu gehen Sie wie folgt vor:

Beim Führen eines Gefühlstagebuchs können Sie täglich aufschreiben, welche Gefühle Sie erlebt haben und welche Situationen oder Ereignisse dazu geführt haben. Dabei sollten Sie sich fragen, welche Bedürfnisse in Ihnen angesprochen oder nicht erfüllt wurden. Sie können sich auch fragen, welche unverarbeiteten Erfahrungen und Emotionen dazu beigetragen haben könnten, dass Sie in bestimmten Situationen bestimmte Emotionen empfunden haben.

Diese Übung erfordert ein gewisses Maß an Selbstdisziplin und Reflexionsbereitschaft, um regelmäßig in das Tagebuch zu schreiben. Ein guter Zeitpunkt dafür kann z. B. das Ende des Tages sein, um das Erlebte noch einmal Revue passieren zu lassen und sich bewusst mit den eigenen Gefühlen auseinanderzusetzen. Auch kann es hilfreich sein, sich zu Beginn des Tages eine Frage wie „Was möchte ich heute fühlen?“ oder „Welches Bedürfnis möchte ich heute erfüllen?“ zu stellen, um sich bewusst auf die eigenen Bedürfnisse und Emotionen zu konzentrieren.

Durch das Führen des Emotionstagebuchs können Sie Ihr eigenes Verhalten und Ihre Reaktionen besser verstehen und lernen, Ihre Bedürfnisse und Emotionen besser wahrzunehmen und auszudrücken. Sie können sich selbst besser kennenlernen und lernen, Ihre Gefühle anzunehmen und zu verarbeiten. Dies kann Ihnen helfen, Ihre Beziehungen zu anderen Menschen zu verbessern und ein erfüllteres Leben zu führen.

WO SICH DAS INNERE KIND SELBST IM WEG STEHT

Ihre Aufgabe als Individuum ist es, sich mit Ihrem inneren Kind zu verbinden und die Botschaften, die es Ihnen sendet, zu verstehen und zu interpretieren. Wenn Sie diese Fähigkeit entwickeln, können Sie daraus eine erwachsene, reflektierte Persönlichkeit schaffen. Denn Ihr inneres Kind trifft Entscheidungen oft auf kindliche Weise, während Sie im Hier und Jetzt auch die Perspektive einer integrierten Erwachsenenpersönlichkeit brauchen.

Das innere Kind ist ein wichtiger Teil Ihrer Persönlichkeit. Es ist der Teil von Ihnen, der die Erfahrungen und Erlebnisse Ihrer Kindheit und Jugend in sich trägt. Es ist das Kind in Ihnen, das immer noch nach Liebe, Zuwendung und Geborgenheit sucht. Doch manchmal steht Ihnen dieses innere Kind im Weg.

Oftmals trifft das innere Kind Entscheidungen, die emotional und nicht unbedingt rational sind. Es reagiert auf Situationen, die es an frühere Erfahrungen erinnern, und kann dadurch manchmal überreagieren oder sich unangemessen verhalten. Wenn Ihr inneres Kind Sie in solchen Momenten kontrolliert, kann es Sie in Konflikte bringen oder Sie daran hindern, Ihre Ziele zu erreichen.

Beispiel:
Ein Beispiel für eine emotionale Entscheidung, die das innere Kind trifft, ist, wenn jemand aufgrund schlechter Erfahrungen in der Vergangenheit Schwierigkeiten hat, anderen Menschen zu vertrauen. Wenn diese Person in der Vergangenheit Verrat oder Missbrauch erlebt hat, kann es sein, dass das innere Kind sich unsicher und ängstlich fühlt, wenn es darum geht, wieder jemandem zu vertrauen. In einer neuen Beziehung kann das innere Kind dazu führen, dass die Person impulsiv handelt und sich zurückzieht oder die Beziehung beendet, bevor sie die Chance hatte, sich zu entwickeln.

Es ist entscheidend, zu erkennen, dass Ihr inneres Kind ein Teil von Ihnen ist, der Aufmerksamkeit und Pflege braucht. Wenn Sie sich bewusst sind, wie Ihr inneres Kind Ihre Entscheidungen beeinflusst, können Sie lernen, es zu beruhigen und Ihre Entscheidungen auf eine gesündere und rationalere Weise zu treffen.

Hier sind einige praktische Schritte, die Ihnen helfen können, sich bewusster zu werden und Ihr inneres Kind zu beruhigen:

- Nutzen Sie die Zeit, um sich mit Ihrem inneren Kind zu verbinden: Setzen Sie sich bequem hin und schließen Sie die Augen. Atmen Sie tief ein und aus und versetzen Sie sich an einen sicheren und ruhigen Ort. Versuchen Sie, sich an eine Situation zu erinnern, in der Sie als Kind glücklich und geborgen waren. Jetzt treten Sie Ihrem inneren Kind gegenüber und sagen ihm, dass Sie es lieben und bereit sind, ihm zuzuhören.
- Beobachten Sie Ihre emotionalen Reaktionen: Achten Sie auf Ihre emotionalen Reaktionen, während Sie sich in einer schwierigen Situation befinden. Versuchen Sie, herauszufinden, welche Gedanken und Gefühle Ihr inneres Kind beeinflussen. Sind Sie verärgert, ängstlich oder traurig? Wenn Sie diese Gefühle identifizieren, können Sie beginnen, sie zu beruhigen, indem Sie Ihrem inneren Kind die Aufmerksamkeit und Pflege geben, die es braucht.

- Hören Sie auf die Bedürfnisse Ihres inneren Kindes: Wenn Sie das Gefühl haben, dass Ihr inneres Kind Aufmerksamkeit braucht, versuchen Sie, ihm zuzuhören und zu verstehen, was es braucht. Vielleicht braucht es Ruhe, Unterstützung oder Zuspruch. Finden Sie Wege, um diese Bedürfnisse zu erfüllen und Ihr inneres Kind zu beruhigen.
- Überdenken Sie Ihre Entscheidungen: Wenn Sie eine Entscheidung treffen müssen, versuchen Sie, Ihre emotionalen Reaktionen zu berücksichtigen und zu verstehen, wie Ihr inneres Kind Ihre Entscheidungen beeinflusst. Stellen Sie sich vor, dass Sie Ihrem inneren Kind erklären, warum Sie eine bestimmte Entscheidung treffen. Versuchen Sie, eine Entscheidung zu treffen, die sowohl für Ihr inneres Kind als auch für Sie selbst gesund und rational ist.
- Praktizieren Sie Selbstfürsorge: Nehmen Sie sich Zeit für sich selbst und achten Sie auf Ihre Bedürfnisse. Tun Sie Dinge, die Ihnen Freude bereiten und helfen, Stress abzubauen. Indem Sie sich um sich selbst kümmern, kümmern Sie sich auch um Ihr inneres Kind und können es auf eine gesunde und liebevolle Weise beruhigen.

Glaubenssätze & Selbstüberzeugungen

Glaubenssätze haben einen großen Einfluss auf unser Leben, sowohl positiv als auch negativ. Einige Personen sind sogar in ihren Überzeugungen in Bezug auf sich selbst gefangen. Die Annahmen, die wir über uns selbst haben, beeinflusst unser Denken und somit unser ganzes Dasein.

Definition: Glaubenssätze
Glaubenssätze sind fest verankerte Annahmen, die wir von uns selbst, von anderen Personen oder von der Umwelt im Allgemeinen haben. Sie können positiv oder negativ sein und haben ihren Ausgangspunkt oft in unserer jüngsten Lebensphase. Unsere Eltern und enge Vertraute prägen schon früh unser Bild von uns selbst und unsere Einstellung zum Leben. Diese Denkmuster wirken sich auf unser praktisches Verhalten aus und können uns entweder unterstützen oder schädigen.

Die Einzigartigkeit von Glaubenssätzen liegt darin, dass sie fest in unserem Inneren gespeichert sind. Oftmals werden diese Annahmen automatisch von unserem Gehirn abgespielt. Durch diese Glaubenssätze entwickeln wir Verhaltensmuster, die wir in verschiedenen Lebensbereichen und -phasen wiederholen.

Beispiel:
Eine Person, die in ihrer Kindheit oft kritisiert wurde, hat den Glaubenssatz entwickelt, dass sie nicht gut genug ist. Dieser Glaubenssatz kann sich tief in ihrem Inneren verankert haben und unbewusst ihr Verhalten beeinflussen.

Im späteren Leben könnte sich dieser Glaubenssatz in verschiedenen Situationen zeigen, zum Beispiel bei der Arbeit, in Beziehungen oder beim Treffen neuer Leute. Die Person könnte Schwierigkeiten haben, sich selbst als kompetent oder wertvoll wahrzunehmen, und könnte sich selbst sabotieren, indem sie Aufgaben vermeidet oder sich zurückzieht.

Obwohl diese Person vielleicht erkennt, dass ihr Verhalten unproduktiv ist, könnte es schwer sein, den Glaubenssatz zu ändern, da er tief verwurzelt ist und automatisch abgespielt wird. Es könnte eine bewusste Anstrengung erfordern, den Glaubenssatz zu identifizieren und bewusst zu ersetzen, um ein neues Verhaltensmuster zu entwickeln.

Wissenschaftliche Studien zeigen, dass insbesondere Überzeugungen in den Themengebieten Selbstwert, Beziehungsfähigkeit und Handlungskompetenz tief in uns verankert sind. Gelegentlich können uns diese Verhaltensmuster mehr behindern als befähigen, und wir stehen uns selbst im Weg. Es kann jedoch eine Herausforderung sein, diese Glaubenssätze zu erkennen und aufzulösen. Oft braucht man dazu den Blick und die Unterstützung von Außenstehenden, wie beispielsweise von einem Therapeuten oder Coach. Es ist möglich, Glaubenssätze auch selbstständig aufzulösen, dies erfordert jedoch in der Regel ein gewisses Maß an Selbstreflexion und Übung. Folgende Schritte können Ihnen dabei helfen:

- Identifizieren Sie Ihre Glaubenssätze: Reflektieren Sie Ihre Gedanken und Überzeugungen. Welche Annahmen haben Sie über sich selbst, andere Menschen und die Außenwelt? Schreiben Sie diese Glaubenssätze auf, damit Sie sie später gezielt angehen können.
- Hinterfragen Sie Ihre Glaubenssätze: Überprüfen Sie jeden Glaubenssatz kritisch. Fragen Sie sich, ob er wirklich wahr ist und ob es Beweise dafür gibt. Stellen Sie auch die Frage, ob dieser Glaubenssatz Ihnen auf irgendeine Weise schadet oder Sie daran hindert, Ihre Ziele zu erreichen.
- Erschaffen Sie eine neue Perspektive: Überlegen Sie, wie Sie Ihre Glaubenssätze umformulieren können, um sie positiver und förderlicher für Ihr Wohlbefinden zu gestalten. Beispielsweise können Sie „Ich bin nicht gut genug" durch „Ich habe Stärken und Schwächen wie jeder andere auch" ersetzen.
- Suchen Sie nach Unterstützung: Holen Sie sich Unterstützung von Freunden und Familie, die Ihnen dabei helfen, Ihre Glaubenssätze zu überdenken und neue Perspektiven zu entwickeln. Oder Sie können auch professionelle Hilfe von einem Therapeuten oder Coach in Anspruch nehmen.
- Üben Sie regelmäßig: Der Schlüssel zur Veränderung Ihrer Glaubenssätze ist das regelmäßige Üben. Wiederholen Sie Ihre neuen, positiven Glaubenssätze so oft wie möglich, um sie zu festigen und alte, negative Überzeugungen abzulegen.

Es ist darauf hinzuweisen, dass das Auflösen von Glaubenssätzen ein individueller Prozess ist, der Zeit und Geduld erfordert. Seien Sie geduldig mit sich selbst und erkennen Sie, dass Veränderungen nicht über Nacht geschehen. Mit der richtigen Einstellung und Beharrlichkeit können Sie jedoch erfolgreich negative Glaubenssätze durch positive ersetzen und Ihr Leben auf eine gesunde und positive Weise verändern.

Beispiele für positive und negative Glaubenssätze:	
Negativ	**Positiv**
„Ich bin zu nichts fähig“	„Ich kann alles erreichen“
„Vertraue ich einem anderen, werde ich verletzt”	„Die Mehrheit der Personen ist vertrauensvoll”
„Die ganze Welt ist gefährlich”	„Die Welt schenkt mir unglaublich viele Gelegenheiten, mich zu entwickeln”

Negative Glaubenssätze können unser Verhalten in Beziehungen beeinflussen, indem sie uns bindungsängstlich oder kontrollierend machen und es uns erschweren, Vertrauen aufzubauen. Diese Glaubenssätze aus der Kindheit können sogar dazu führen, dass wir unser eigenes Glück sabotieren. Wenn wir uns nicht bewusst mit ihnen auseinandersetzen, bleiben sie aktiv und hindern uns daran, unser volles Potenzial auszuschöpfen.

In der Regel stammen viele unserer Glaubenssätze aus Erlebnissen unserer Kindheit und dienten uns damals als rationale Reaktion auf unsere Umwelt. Wenn zum Beispiel unsere Eltern uns als Kind vermittelt haben, dass wir durch harte Arbeit und Anstrengung alles erreichen können, was wir wollen (Selbstwirksamkeit), dann ist die Wahrscheinlichkeit groß, dass wir auch als Erwachsener an dieser Überzeugung festhalten. So können Überzeugungen aus der frühen Lebensphase uns und unser Verhalten bis ins spätere Erwachsenenleben beeinflussen.

Beispiel eines aus der Kindheit übernommenen Glaubenssatzes:
Wenn ein Kind von seinen Bezugspersonen oft gesagt bekommt, es solle nicht so häufig Dinge hinterfragen, entsteht im Kind die Überzeugung, es sei zu neugierig und stelle zu viele Fragen. Das Kind stellt dann weniger Fragen, weil es „belohnt" wird, indem die Eltern es seltener mit den Worten „Stelle nicht so viele Fragen" bestrafen. Als Erwachsener trägt das Kind vermutlich immer noch diesen alten Glaubenssatz in sich. Aufgrund der Präsenz dieses Glaubenssatzes traut sich der Erwachsene auch zur jetzigen Zeit nicht, Fragen zu stellen.

Studien haben gezeigt, dass Glaubenssätze in den Bereichen Selbstwert, Beziehungen und Kompetenz besonders verbreitet sind. Insbesondere Überzeugungen, die ein Gefühl von Wertlosigkeit, Fehlerhaftigkeit oder mangelnder Beliebtheit vermitteln, stehen den Forschungsergebnissen zufolge im Zusammenhang mit verschiedenen psychischen Problemen. Im Einzelnen konnte gezeigt werden, dass Menschen mit negativen Selbstwertüberzeugungen häufiger von Depressionen betroffen sind.

Die schädlichen Auswirkungen negativer Glaubenssätze sind gut erforscht. Es ist bekannt, dass das Bewusstmachen und Auflösen dieser Überzeugungen die Lebensqualität verbessern kann. Menschen, die ihre negativen Überzeugungen auflösen, können ihr Leben leichter gestalten. Psychologen und Therapeuten sind sich weitgehend einig, dass sich Überzeugungen in unserem Verhalten und in wiederkehrenden Mustern widerspiegeln.

WIE SICH UNSER SELBST FORMT: UNSERE PSYCHE ALS PRODUKT DER KO-KONSTRUKTION

Unser Selbstbild und unsere Persönlichkeit werden durch zahlreiche Faktoren beeinflusst, darunter unsere Erfahrungen, Erlebnisse, Gene und Umgebung.

Ein wichtiger Aspekt, der jedoch oft übersehen wird, ist die Tatsache, wie wir uns selbst und unsere Persönlichkeit durch die Interaktion mit anderen formen. Unsere Psyche ist ein Produkt der Ko-Konstruktion, bei der unsere Eigen- und Fremdwahrnehmung miteinander verschmelzen.

Eigenwahrnehmung + Fremdwahrnehmung = Ko-Konstruktion

In der Entwicklungspsychologie wird dieser Prozess oft mit dem Werk des bekannten Wissenschaftlers Jean Piaget (1896–1980) in Verbindung gebracht. Piaget hat die Idee vorgeschlagen, dass die Entwicklung der Persönlichkeit und der kognitiven Fähigkeiten eines Kindes durch die Wechselwirkung mit seiner Umgebung und durch Interaktionen mit anderen Menschen beeinflusst wird. Das Konzept der Ko-Konstruktion bezieht sich auf die gegenseitige Beeinflussung von Wahrnehmungen, Ideen und Erfahrungen zwischen dem Individuum und seiner Umwelt.

Die Ko-Konstruktion bedeutet also, dass wir uns nicht einfach selbst bilden, sondern dass unsere Persönlichkeit und unser Selbstbild durch die Interaktion mit anderen geformt werden. Wir nehmen uns als das wahr, was unsere Beziehungspartner uns spiegeln, zu sein. Mit anderen Worten: Wir betrachten uns selbst durch die Augen der Menschen um uns herum. Diese Spiegelung kann uns dabei helfen, unser Selbst zu verstehen und zu formen.

Allerdings ist die Ko-Konstruktion nicht immer einfach. Denn Menschen spiegeln auch immer ihre eigenen Anteile. Das bedeutet, dass die Menschen um uns herum auch ihre eigenen Erfahrungen, Einstellungen und Vorurteile in unsere Wahrnehmung von uns selbst einbeziehen. Dies kann zu einer fehlgeleiteten oder sogar problematischen Selbstwahrnehmung führen.

Ein gutes Beispiel hierfür ist das Konzept der Übertragung und Gegenübertragung in der Psychoanalyse. Übertragung bezieht sich auf die Tendenz einer Person, ihre Gefühle und Emotionen aus vergangenen Erfahrungen auf andere zu übertragen, während Gegenübertragung die Reaktion der anderen Person auf diese Übertragung beschreibt. Wenn beispielsweise eine Person aufgrund ihrer Vergangenheit bestimmte Ängste oder Unsicherheiten hat, kann sie diese Gefühle auf andere übertragen und somit das Selbstbild dieser Person beeinflussen.

Es ist daher von großer Bedeutung, dass wir uns bewusst sind, dass unsere Persönlichkeit und unser Selbstbild nicht ausschließlich von unseren eigenen Erfahrungen und Wahrnehmungen geprägt sind. Die Interaktion mit anderen kann uns helfen, uns selbst besser zu verstehen, sie kann uns aber auch davon abhalten, unser ganzes Entwicklungspotenzial auszuschöpfen, wenn wir uns zu sehr von den Erwartungen und Spiegelungen anderer beeinflussen lassen.

In der Tat kann eine zu starke Abhängigkeit von der Meinung anderer auch zu einer Einschränkung unserer eigenen Kreativität und Originalität führen. Wenn wir zu sehr darauf bedacht sind, uns an die Erwartungen und Wahrnehmungen anderer anzupassen, kann dies unsere eigene Identität beeinträchtigen und uns davon abbringen, unsere eigenen Interessen und Pläne zu verfolgen.

Beispiel:
Eine Schülerin, die sich sehr darum bemüht, den Erwartungen ihrer Eltern und Lehrer gerecht zu werden, hat das Gefühl, dass sie nur dann erfolgreich sein kann, wenn sie ihre Noten aufrechterhält und in jedem Fach gut abschneidet. Deshalb verbringt sie jede freie Minute damit, zu lernen und ihre Hausaufgaben zu machen. Dabei vernachlässigt sie ihre eigenen Interessen und Hobbys.

Eines Tages entdeckt sie jedoch ein Talent für das Schreiben von Geschichten und Gedichten. Sie ist begeistert von dieser neuen Leidenschaft und möchte sie gerne weiterverfolgen, aber sie hat Angst, dass ihre Eltern und Lehrer sie dabei nicht ernst nehmen oder sie als Versagerin betrachten könnten, wenn sie ihre Zeit nicht mehr ausschließlich dem Lernen widmet.

Als Folge davon zögert die Schülerin, ihre kreative Seite auszuleben, um weiterhin nur den Erwartungen anderer zu entsprechen. Sie fühlt sich unzufrieden und unglücklich, weil sie spürt, dass sie nicht ihr volles Potenzial entfalten kann und ihre eigene Identität vernachlässigt. Erst als sie den Mut findet, sich von den Erwartungen anderer zu lösen und ihre eigenen Interessen und Ziele zu verfolgen, kann sie ihre Kreativität und Originalität voll ausschöpfen und ein erfülltes Leben führen.

NEUROPLASTIZITÄT – WARUM UNSER GEHIRN FLUIDE IST ODER: WARUM WIR NICHT DAS SIND, WAS WIR GLAUBEN, ZU SEIN

Neuroplastizität ist ein Begriff, der die Fähigkeit des Gehirns beschreibt, seine Verbindungen und Schaltkreise zu verändern, um sich an die Umwelt und die Erfahrungen des Individuums anzupassen. Dies geschieht durch adaptive Prozesse (also das ständige Lernen und Weiterentwickeln), die unser Gehirn bis ins hohe Alter durchläuft. Die Plastizität des Gehirns bedeutet also, dass unser Gehirn nicht unveränderlich ist, sondern sich ständig weiterentwickelt und lernfähig ist.

Bereits als Fötus bilden sich Verbindungen zwischen den Nervenzellen. Diese Verbindungen werden später durch die Umwelt und die Erfahrungen des Individuums umgeformt. Manche Verbindungen bleiben bestehen, andere verschwinden. Dieser Prozess der ständigen Veränderung wird, wie bereits erwähnt, als Neuroplastizität bezeichnet.

Beispiel:
Schauen wir uns hierzu das Erlernen einer Fremdsprache im Kindesalter an. Kinder haben in der Regel eine höhere Sprachlernfähigkeit als Erwachsene, da ihr Gehirn noch sehr formbar und anpassungsfähig ist. Wenn ein Kind also in jungen Jahren eine Fremdsprache lernt, werden Verbindungen zwischen den Nervenzellen im Gehirn gebildet und verstärkt. Diese Verbindungen ermöglichen es dem Kind, die Sprache fließend zu sprechen und zu verstehen.

Wenn jedoch das Sprachenlernen vernachlässigt wird, können diese Verbindungen mit der Zeit wieder abgebaut werden. Erwachsene, die eine Sprache neu erlernen oder ihre Sprachkenntnisse verbessern möchten, müssen also ihr Gehirn darin trainieren, neue Verbindungen zwischen den Nervenzellen zu bilden und zu verstärken. Durch diese Anstrengungen kann das Gehirn auch im Erwachsenenalter noch seine Plastizität und Anpassungsfähigkeit bewahren und sich weiterentwickeln.

Definition: Neuroplastizität
Die Fähigkeit des Gehirns, sich anzupassen und zu verändern, indem es seine Struktur und Funktion aufgrund von Erfahrungen, Lernen und Verletzungen modifiziert.

Die Plastizität des Gehirns zeigt sich besonders beim Lernen. Beim Lernen müssen die Nervenschaltkreise im Gehirn umstrukturiert werden, um neue Informationen und Erfahrungen zu integrieren. Dabei werden bestimmte Verbindungen zwischen den Nervenzellen verstärkt, während andere geschwächt werden. Dieser Prozess ist entscheidend für das Erlernen neuer Fähigkeiten und die Anpassung an neue Situationen.

Beispiel:
Ein weiteres Beispiel für die Plastizität des Gehirns ist seine Fähigkeit, zerstörte Nervenzellen zu ersetzen. Undifferenzierte Zellen können in bestimmten Fällen in Neuronen umgewandelt werden und so verloren gegangene Funktionen unseres Gehirns wiederherstellen.

Wenn beispielsweise eine Person eine Verletzung oder Operation hat, die dazu führt, dass sie einen Teil ihres Körpers nicht mehr spüren kann, kann es zu einer ähnlichen Reorganisation im Gehirn kommen.

Der Teil des Gehirns, der für die Verarbeitung von sensorischen Informationen zuständig ist, wird als somatosensorischer Kortex bezeichnet. Wenn ein bestimmter Körperteil nicht mehr stimuliert wird, kann das Gehirn neue Verbindungen zwischen Neuronen im somatosensorischen Kortex herstellen, um die verlorenen Funktionen zu ersetzen.

Dies kann dazu führen, dass andere Körperteile, die zuvor weniger Empfindlichkeit hatten, empfindlicher werden. Zum Beispiel kann es sein, dass jemand nach einer Amputation des Arms eine erhöhte Empfindlichkeit in den Fingern der anderen Hand bemerkt. Dies liegt daran, dass das Gehirn versucht, die Verbindungslücken im somatosensorischen Kortex durch die Stimulation anderer Körperteile zu füllen.

Die Plastizität des Gehirns wirkt sich auch auf unsere Selbstwahrnehmung aus.

Unsere Wahrnehmung von uns selbst und der Welt um uns herum ist nicht in Stein gemeißelt, sondern kann sich durch neue Erfahrungen und Lernprozesse verändern. Diese Erkenntnis ist von großer Bedeutung, denn sie zeigt uns, dass wir nicht nur das sind, was wir zu sein glauben, sondern dass wir uns auch verändern können.

Beispiel:

Angenommen, jemand hat jahrelang das Gefühl gehabt, schüchtern und unsicher zu sein. Durch bestimmte Erfahrungen und Lernprozesse, wie zum Beispiel das Üben von sozialen Fähigkeiten oder das Bewältigen von schwierigen Situationen, kann sich jedoch die Selbstwahrnehmung dieser Person verändern. Sie beginnt, sich selbst als selbstbewusster und mutiger zu empfinden. Dies ist ein Beispiel dafür, wie die Plastizität des Gehirns es uns ermöglicht, uns nicht nur neu zu erfinden, sondern auch unser Selbstbild und unsere Wahrnehmung von uns und der Welt außerhalb von uns zu verändern.

Durch die Neuroplastizität besitzt das Gehirn die Fähigkeit, sich an Verletzungen oder Schäden anzupassen.

Wenn zum Beispiel ein Teil des Gehirns durch eine Verletzung beschädigt wird, kann das Gehirn seine Verbindungen neu ordnen, um die verlorenen Funktionen wiederherzustellen. Dieser Prozess wird als neurologische Regeneration bezeichnet und ist ein Beispiel für die Fähigkeit des Gehirns, sich selbst zu reparieren und zu regenerieren.

Beispiel:

Das Gehirn eines Patienten, der nach einem Schlaganfall Schwierigkeiten beim Sprechen oder der Bewegung von Armen und Beinen hat, kann seine Verbindungen neu ordnen, um die verlorenen Funktionen wiederherzustellen. Durch gezielte Rehabilitation und Übungen kann der Patient dazu beitragen, dass das Gehirn diese Verbindungen schneller neu ordnet und die Funktionen schneller wiederhergestellt werden. Dieser Prozess der Neuroplastizität und neurologischen Regeneration ist ein wichtiger Aspekt bei der Behandlung von Schlaganfallpatienten und zeigt, wie das Gehirn sich selbst reparieren und regenerieren kann.

Wie Sie sehen: Die Neuroplastizität ist eine faszinierende Eigenschaft unseres Gehirns. Sie ermöglicht es uns, uns an neue Situationen und Erfahrungen anzupassen, uns selbst zu verändern und zu lernen – ein Leben lang.

NEGATIVE GLAUBENSSÄTZE: SCHLECHTE GEFÜHLE AUF KNOPFDRUCK

Zur Erinnerung: Glaubenssätze sind tief verwurzelte Überzeugungen, die wir über uns selbst, andere Menschen und die Welt um uns herum haben. Diese Überzeugungen bestimmen unsere Gedanken, Emotionen und Verhaltensweisen in jeder Situation. Sie sind oft unbewusst und basieren auf unseren Erfahrungen, Erlebnissen und Interaktionen mit anderen Menschen in unserem Leben.

Überzeugungen können uns helfen, unsere persönlichen Wünsche und Ziele zu verwirklichen und damit unser Leben zu bereichern. Sie können sich aber auch negativ auf unser Leben auswirken, wenn sie uns daran hindern, unser volles Potenzial auszuschöpfen. Negative Überzeugungen sind Ansichten, die uns davon überzeugen, dass wir nicht begabt genug sind oder bestimmte Dinge nicht können.

Beispiel:
Eine Person namens Sarah hat seit ihrer Kindheit den Glaubenssatz, dass sie in Mathematik schlecht ist und es niemals verstehen wird. Sie hat das Gefühl, dass sie zu dumm ist, um Mathematik zu lernen, und dass es keinen Sinn macht, es überhaupt zu versuchen. Diese Überzeugung hat sie

in der Schule dazu gebracht, Mathematik komplett zu meiden und sich auf andere Fächer zu konzentrieren.

Jahre später beschließt Sarah, eine berufliche Laufbahn in der Forschung einzuschlagen, stellt aber fest, dass ihre Mathematikkenntnisse nicht ausreichen, um in diesem Gebiet erfolgreich zu sein. Obwohl sie hart arbeitet und Nachhilfe nimmt, fällt es ihr schwer, ihre negativen Überzeugungen zu überwinden, und sie beginnt, sich zu fragen, ob sie tatsächlich das Potenzial hat, in der Wissenschaft erfolgreich zu sein.

Sarahs negativer Glaubenssatz hat sich negativ auf ihr Leben ausgewirkt, indem er sie davon abgehalten hat, ihre Fähigkeiten in Mathematik zu entwickeln und ihr volles Potenzial in diesem Bereich auszuschöpfen.

Wie Sie bereits erfahren haben, haben diese negativen Überzeugungen ihren Ursprung oft in der Kindheit. Eltern oder andere wichtige Bezugspersonen können uns in bestimmten Situationen negative Gefühle spiegeln, die wir dann auf uns selbst projizieren. Diese negativen Emotionen werden in Form von „Ich bin zu viel" oder ähnlichen Sätzen abgespeichert und beeinflussen unser Denken und Handeln in ähnlichen Situationen in der Zukunft.

Beispiel für eine Spiegelung von negativen Gefühlen:
Stellen wir uns vor, dass eine Person in ihrer Kindheit von ihren Eltern oft kritisiert wurde, wenn sie ihre Meinung geäußert hat. Die Eltern haben immer gesagt: „Du redest zu viel" oder „Niemand will deine Meinung hören." Diese negativen Gefühle wurden von der Person aufgenommen und haben sich in ihrem Unterbewusstsein verankert.

Wenn diese Person nun als Erwachsene in einer Gruppensituation ist und ihre Meinung äußern möchte, könnten diese negativen Überzeugungen sie davon abhalten, ihre Stimme zu erheben. In diesem Fall würde die Person ihre negativen Gefühle spiegeln, indem sie denkt: „Ich bin zu viel" oder „Niemand will auf mich hören."

Solche negativen Glaubenssätze können unsere Potenziale erheblich behindern. Sie können uns daran hindern, unsere eigenen Wünsche und Pläne zu erreichen, uns neuen und anspruchsvollen Aufgaben zu stellen und das Leben in seiner ganzen Fülle zu erleben. Sie können auch zu Stress, Angst und Depressionen führen und uns daran hindern, eine positive Lebenseinstellung zu entwickeln.

Ein weiterer negativer Effekt negativer Überzeugungen ist, dass sie auf Knopfdruck schlechte Gefühle hervorrufen können. Wenn wir uns in einer Situation befinden, die uns an die ursprüngliche negative Erfahrung erinnert, werden die alten Emotionen wieder aktiviert und wir fühlen uns genauso schlecht wie damals. Dies kann zu einem Teufelskreis führen, da unsere negativen Überzeugungen unsere negativen Emotionen verstärken und umgekehrt.

Um diese negativen Auswirkungen negativer Überzeugungen zu überwinden, ist es wichtig, sich bewusst zu machen, welche Überzeugungen man hat und wie sie das eigene Leben beeinflussen.

Anleitung für das Bewusstmachen von negativen Überzeugungen:

• Identifizieren Sie negative Gedanken: Achten Sie auf Gedanken, die Sie selbst herabsetzen, Ihre Fähigkeiten in Frage stellen oder Sie dazu bringen, sich unsicher oder unwohl zu fühlen. Schreiben Sie sie auf, damit Sie sie später untersuchen können.

• Untersuchen Sie Ihre Überzeugungen: Schauen Sie sich die aufgeschriebenen Gedanken an und fragen Sie sich, welche Überzeugungen dahinterstehen könnten. Wenn Sie zum Beispiel denken, „Ich bin nicht gut genug", könnte die Überzeugung dahinter sein, dass Sie glauben, dass Sie immer perfekt sein müssen, um wertvoll zu sein.

• Finden Sie die Ursprünge Ihrer Überzeugungen: Fragen Sie sich, woher diese Überzeugungen stammen könnten. Können Sie eine Erfahrung in Ihrer Vergangenheit identifizieren, die dazu geführt haben könnte, dass Sie diese Überzeugungen entwickelt haben?

• Bewerten Sie Ihre Überzeugungen: Überprüfen Sie Ihre Überzeugungen daraufhin, ob sie tatsächlich wahr und hilfreich für Sie sind. Wenn Sie zum Beispiel glauben, dass Sie immer perfekt sein müssen, um wertvoll zu sein, ist das wirklich der Fall? Sind Menschen in Ihrem Leben, die Ihnen wichtig sind, nur dann wertvoll für Sie, wenn sie perfekt sind?

• Ersetzen Sie negative Überzeugungen durch positive: Nachdem Sie Ihre negativen Glaubenssätze erkannt und bewertet haben, können Sie diese durch positive Glaubenssätze ersetzen. Wenn Sie zum Beispiel denken, „Ich bin nicht gut genug", könnten Sie es durch „Ich bin wertvoll, egal, was passiert" ersetzen. Wiederholen Sie diese positiven Überzeugungen regelmäßig, um Ihr Unterbewusstsein umzuprogrammieren.

Es ist auch wichtig, positive Überzeugungen zu entwickeln, die uns unterstützen und stärken. Wenn wir uns bewusst machen, dass wir diese Überzeugungen haben und dass sie uns daran hindern, unser volles Potenzial auszuschöpfen, können wir lernen, sie zu bewältigen und neue, positive Überzeugungen zu entwickeln.

Methode für die Stärkung von positiven Überzeugungen:
Das Führen eines Dankbarkeitstagebuchs ist eine einfache, aber wirkungsvolle Methode, um Ihre positiven Überzeugungen zu stärken. Schreiben Sie jeden Tag ein paar Minuten auf, wofür Sie dankbar sind und was Ihnen großen Spaß macht. Sie können kleine und große Ereignisse und Erlebnisse aufschreiben, die Sie glücklich gemacht haben. Das können zum Beispiel schöne Momente mit Freunden und Familie sein, Erfolge im Beruf oder einfach das Gefühl von Zufriedenheit und Freude.

Indem Sie sich täglich auf positive Ereignisse und Erfahrungen konzentrieren und diese im Dankbarkeitstagebuch festhalten, trainieren Sie Ihr Gehirn, sich auf das Gute zu fokussieren und positive Überzeugungen zu stärken. Es hilft Ihnen auch, sich bewusst zu machen, dass es viele Aspekte in Ihrem Leben gibt, über die Sie glücklich sein können, und dass Sie ein erfülltes und glückliches Leben führen.

Um die gewünschte Wirkung zu erzielen, ist es wichtig, das Dankbarkeitstagebuch täglich zu führen, zum Beispiel abends vor dem Schlafengehen, um den Tag positiv abzuschließen und gut gelaunt ins Bett zu gehen.

Das Führen eines Dankbarkeitstagebuchs ist eine einfache Methode, positive Überzeugungen zu stärken und eine positive Lebenseinstellung zu entwickeln. Es hilft, sich auf das Positive zu konzentrieren und dankbar für das zu sein, was man hat. Mit der Zeit werden Sie feststellen, dass sich Ihre Stimmung und Ihre Einstellung zum Leben positiv verändern und Sie ein erfülltes und glückliches Leben führen können.

Für Eltern ist es besonders wichtig, sich der Botschaften bewusst zu sein, die sie ihrem Kind vermitteln. Wenn Eltern ihren Kindern negative Emotionen spiegeln und ihnen suggerieren, dass sie zu viel sind, können sie negative Glaubenssätze in ihrem Kind auslösen, die es sein ganzes Leben lang begleiten können. Besser wäre es daher, als Elternteil zu sagen, „Ich bin gerade überfordert", um dem Kind zu vermitteln, dass es nicht daran liegt, dass das Kind zu viel ist.

Zusammenfassend lässt sich sagen, dass Glaubenssätze tief verwurzelte Überzeugungen sind, die unser Denken, Fühlen und Handeln beeinflussen. Negative Überzeugungen können dazu führen, dass wir unser persönliches Potenzial nicht voll ausschöpfen können und zu einem Teufelskreis aus negativen Überzeugungen und schlechten Gefühlen auf Knopfdruck führen. Um diese negativen Auswirkungen zu überwinden, ist es wichtig, sich bewusst zu machen, welche Überzeugungen man hat und wie sie das eigene Leben beeinflussen. Positive Überzeugungen können uns unterstützen und stärken, daher ist es wichtig, neue, positive Überzeugungen zu entwickeln und alte, negative Überzeugungen zu überwinden. Insbesondere Eltern sollten darauf achten, welche Botschaften sie ihrem Kind vermitteln und wie sie ihre eigenen Emotionen ausdrücken, um das Entstehen von negativen Glaubenssätzen zu vermeiden.

Beziehungssucht

WIR BRAUCHEN EINEN EMOTIONALEN SPIEGEL

Menschen sind von Natur aus sozial und suchen oft emotionale Bindungen zu anderen. In einer Welt, in der der technologische Fortschritt die Art und Weise verändert hat, wie wir miteinander kommunizieren, fällt es vielen Menschen schwer, echte und bedeutsame Beziehungen aufrechtzuerhalten. Manche Menschen sind jedoch in einem ständigen Kampf um emotionale Bindungen gefangen, die ihr Leben beherrschen und sie von ihren eigenen Bedürfnissen und Wünschen ablenken.

Im Folgenden geht es um Beziehungssucht und die Rolle, die sie in Ihrem Leben spielt. Wir werden untersuchen, warum Menschen dazu neigen, ihren Selbstwert in einem anderen Menschen zu suchen, und wie sich dies auf ihre Beziehungen auswirkt. Wir werden uns auch damit beschäftigen, wie manche Menschen ihr ganzes Leben lang problematische Beziehungen führen und warum sie Schwierigkeiten haben, diese zu beenden.

Definition:
Beziehungssucht kann als Abhängigkeit von Beziehungen definiert werden, die auf dem Bedürfnis beruht, den eigenen Selbstwert im Kontakt mit anderen Menschen zu finden. Dabei werden die eigene Identität und das Selbstwertgefühl stark durch die Beziehung zu anderen Menschen definiert und beeinflusst. Die Betroffenen empfinden eine starke emotionale Abhängigkeit von anderen Menschen und haben oft Angst vor Einsamkeit und Alleinsein.

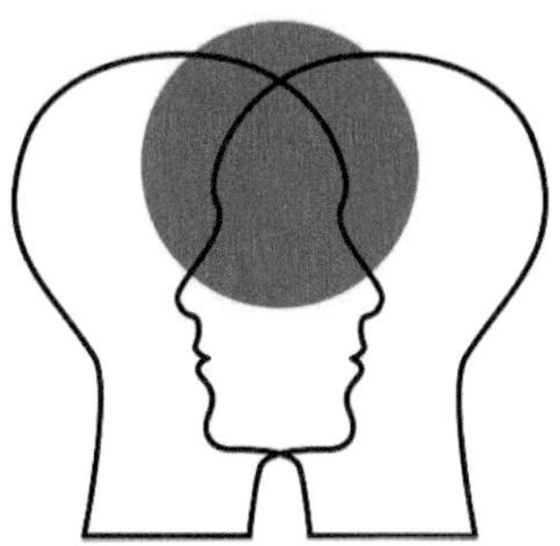

Beziehungssucht oder auch „abhängige Persönlichkeitsstörung" ist ein psychologisches Phänomen, bei dem Menschen eine übermäßige emotionale Abhängigkeit von anderen Menschen und Beziehungen haben. Sie suchen ständig nach Bestätigung und Anerkennung durch andere und definieren ihren Selbstwert und ihre Identität hauptsächlich durch ihre Beziehungen. Dabei kann das Bedürfnis nach Nähe und Liebe so stark sein, dass es das eigene Wohlbefinden beeinträchtigt.

Beziehungssüchtige haben oft Angst vor Einsamkeit und Alleinsein, was dazu führen kann, dass sie sich in ungesunde Beziehungen begeben oder an bestehenden, aber problematischen Beziehungen festhalten, auch wenn diese ihnen schaden. Sie können auch Angst davor haben, verlassen oder zurückgewiesen zu werden, was ihr Verhalten in Beziehungen weiter verstärkt.

Menschen mit Beziehungssucht können oft ihre eigenen Bedürfnisse und Wünsche zugunsten der Beziehung vernachlässigen und sich selbst dabei verlieren. Sie können auch dazu neigen, in ihren Beziehungen zu kontrollieren oder kontrolliert zu werden, was zu Konflikten und Spannungen führen kann. Insgesamt kann Beziehungssucht das Leben einer Person stark beeinträchtigen und ihre Fähigkeit, glückliche und gesunde Beziehungen aufzubauen und aufrechtzuerhalten, beeinträchtigen.

Beziehungssucht kann verschiedene Formen annehmen. Manche Menschen neigen dazu, immer wieder in ungesunde Beziehungen zu geraten, in denen sie von ihren Partnern emotional abhängig sind und ihre eigenen Bedürfnisse vernachlässigen. Andere Menschen klammern sich an Freunde oder Familienmitglieder und können nicht allein sein, weil sie Angst vor Einsamkeit haben. Bei einer Beziehungssucht geht es oft darum, einen emotionalen Spiegel zu finden. Das bedeutet, dass wir uns in anderen sehen wollen, um uns selbst besser zu verstehen und unseren Selbstwert zu bestimmen. Wir suchen Bestätigung und Anerkennung, um unser Selbstwertgefühl zu steigern und eigene Unsicherheiten zu überwinden. Dies kann jedoch dazu führen, dass wir uns auf problematische Beziehungen einlassen, die uns nicht guttun.

Es ist wichtig, zu betonen, dass Beziehungssucht nicht dasselbe ist wie eine gesunde Beziehung oder Bindung. In einer gesunden Beziehung unterstützen sich Partner gegenseitig, respektieren einander und geben sich gegenseitig Raum, um zu wachsen und sich weiterzuentwickeln. In einer Beziehungssucht geht es jedoch um eine übermäßige Abhängigkeit von einer anderen Person, die das eigene Wohlbefinden gefährdet.

In diesem Kapitel geht es auch um Unbeständigkeit, emotionale Abhängigkeit und Trauer, die oft mit Beziehungssucht einhergehen. Wir werden untersuchen, wie diese Eigenschaften unsere Beziehungen beeinflussen und welche Auswirkungen sie auf unser Leben haben können.

Beziehungssucht ist ein komplexes Thema mit vielen Facetten. Deshalb werden wir einige der wichtigsten Aspekte betrachten, um ein besseres Verständnis dieses Phänomens zu entwickeln und Wege zu finden, gesündere Beziehungen aufzubauen.

DEN SELBSTWERT IM GEGENÜBER FINDEN WOLLEN

Das Bedürfnis nach zwischenmenschlicher Nähe und Anerkennung ist ein natürliches und normales Bedürfnis, das bei jedem Menschen vorhanden ist. Eine übermäßige Abhängigkeit von Beziehungen und der ständige Wunsch, von anderen anerkannt und geliebt zu werden, können jedoch ein ungesundes Verhaltensmuster darstellen.

Ein wichtiger Faktor, der zur Entwicklung von Beziehungssucht beitragen kann, ist ein geringes Selbstwertgefühl. Menschen mit einem niedrigen Selbstwertgefühl sind oft unsicher und fühlen sich minderwertig. Sie suchen daher Bestätigung und Anerkennung von außen, um ihr Selbstwertgefühl zu stärken. Wird das Selbstwertgefühl nicht aus eigener Kraft gestärkt, kann dies zu einer übermäßigen Abhängigkeit von Beziehungen führen.

Die Abhängigkeit von Beziehungen kann sich auf unterschiedliche Weise äußern. Einige Betroffene versuchen, die Beziehung durch ständige Verfügbarkeit und Aufmerksamkeit aufrechtzuerhalten, andere vermeiden es, allein zu sein, und suchen ständig neue Beziehungen, um die Leere zu füllen. In manchen Fällen kann die Beziehungssucht auch dazu führen, dass die Betroffenen ihre eigenen Bedürfnisse und Interessen zugunsten der Beziehung vernachlässigen und sich in der Beziehung völlig aufgeben.

Beispiele:
Nehmen wir an, ein Mann ist in einer Beziehung mit einer Frau, die er als „die Eine" betrachtet. Er vernachlässigt seine Freunde, Hobbys und Interessen, um so viel Zeit wie möglich mit ihr zu verbringen und ihr alle Aufmerksamkeit zu schenken. Er ist ständig besorgt, dass sie ihn verlassen könnte, und versucht daher, ihr jeden Wunsch von den Augen abzulesen und stets verfügbar zu sein, um ihre Bedürfnisse zu erfüllen.

In diesem Fall vernachlässigt der Mann seine eigenen Bedürfnisse und Interessen zugunsten der Beziehung. Er gibt sich völlig in der Beziehung auf und verliert seine eigene Identität. Dies kann zu einem ungesunden Machtgefälle führen, in dem die Frau die Kontrolle über die Beziehung hat und der Mann sich unterwirft, um ihre Liebe und Anerkennung zu erhalten.

Um aus der Abhängigkeit von Beziehungen herauszukommen, sind folgende Aspekte wichtig:

Stärken Sie Ihr eigenes Selbstwertgefühl

Dabei kann es hilfreich sein, sich bewusst zu machen, dass die eigene Identität und das Selbstwertgefühl nicht von anderen Menschen abhängen. Jeder Mensch hat individuelle Stärken und Schwächen, die ihn als Persönlichkeit ausmachen. Es ist wesentlich, diese Stärken und Schwächen zu akzeptieren und sich selbst zu lieben, unabhängig von der Meinung anderer.

Anleitung zur Stärkung des Selbstwertgefühls:

- Um Ihr Selbstwertgefühl zu stärken, sollten Sie sich zuerst auf Ihre Gedanken konzentrieren. Achten Sie auf negative Selbstgespräche und überdenken Sie diese. Fragen Sie sich selbst, ob diese Gedanken der Wahrheit entsprechen oder ob Sie sich selbst Unrecht tun. Bewusstsein ist der Anfang zur Veränderung.
- Akzeptieren Sie Ihre Stärken und Schwächen. Jeder Mensch hat Stärken und Schwächen. Es ist entscheidend, beide zu akzeptieren und sich selbst dafür zu lieben. Fokussieren Sie sich auf Ihre eigenen Stärken und nutzen Sie Ihr Potenzial. Betrachten Sie Ihre Schwächen als Entwicklungsbereiche, an denen Sie arbeiten können.
- Legen Sie realistische Ziele fest. Setzen Sie sich Ziele, die erreichbar sind, um das Selbstvertrauen zu stärken. Feiern Sie kleine Erfolge und erinnern Sie sich daran, was Sie erreicht haben.
- Pflegen Sie sich selbst. Sorgen Sie für Ihr Wohlbefinden und Ihre Gesundheit. Nehmen Sie sich Zeit für sich selbst und Ihre Interessen. Verwöhnen Sie sich selbst, treiben Sie Sport, ernähren Sie sich gesund und achten Sie auf ausreichend Schlaf. All diese Faktoren können dazu beitragen, dass Sie sich gut fühlen.
- Wenden Sie sich positiven Menschen zu. Umgeben Sie sich mit Menschen, die Sie unterstützen und positiv beeinflussen. Vermeiden Sie Menschen, die Sie herunterziehen oder Ihnen das Bild vermitteln, Sie seien minderwertig. Positive Interaktionen können Ihr Selbstwertgefühl stärken.
- Seien Sie sich bewusst, dass Sie genug sind. Erinnern Sie sich daran, dass Sie genug sind, so wie Sie sind. Sie müssen sich nicht verändern, um anderen zu gefallen oder um geliebt zu werden. Jeder Mensch hat eine einzigartige Persönlichkeit und verdient es, geliebt und respektiert zu werden.

Indem Sie diese Schritte befolgen, können Sie Ihr Selbstwertgefühl stärken und eine gesunde Beziehung zu sich selbst aufbauen. Mit der Zeit werden Sie sich selbst annehmen und lieben lernen, unabhängig von der Meinung anderer.

Selbstreflexion und Selbstakzeptanz können uns helfen, das eigene Selbstwertgefühl zu stärken. Sich mit den eigenen Bedürfnissen, Wünschen und Interessen auseinanderzusetzen und diese ernst zu nehmen, ist ein wichtiger Schritt, um sich aus der Abhängigkeit von anderen zu befreien. Eine gute Möglichkeit, dies zu erreichen, ist zum Beispiel das Führen eines Tagebuchs oder das Aufschreiben von Gedanken und Gefühlen.

Bauen Sie sich ein soziales Netzwerk auf.

Damit sind nicht nur romantische Beziehungen gemeint, sondern auch Freundschaften und familiäre Beziehungen. Ein stabiles soziales Netzwerk kann uns helfen, das Bedürfnis nach Nähe und Anerkennung zu stillen und unser Selbstwertgefühl zu stärken. Freunde und Familie können in schwierigen Zeiten unterstützen und helfen, das eigene Selbstbild positiv zu beeinflussen.

Wir fassen zusammen: Beziehungssucht ist eine Abhängigkeit von Beziehungen, die auf dem Bedürfnis beruht, den eigenen Selbstwert im Kontakt mit anderen zu finden. Es ist von großer Bedeutung, zu erkennen, dass der eigene Selbstwert nicht von anderen abhängig ist und dass jeder Mensch individuelle Stärken und Schwächen hat, die ihn als Persönlichkeit ausmachen. Selbstreflexion, Selbstakzeptanz und der Aufbau eines sozialen Netzwerks können uns dabei helfen, das eigene Selbstwertgefühl zu stärken und uns aus der Abhängigkeit von Beziehungen zu lösen.

LEBENSLANG PROBLEMATISCHE BEZIEHUNGEN

Lebenslang problematische Beziehungen sind ein Phänomen, das in der Psychologie seit langem diskutiert wird. Das Phänomen der lebenslang problematischen Beziehungen beschreibt das wiederkehrende Muster von Beziehungen, die durch Schwierigkeiten und Konflikte gekennzeichnet sind und trotz wiederholter Versuche nicht dauerhaft gelöst werden können. Es handelt sich um ein Thema, das in der Psychologie seit langer Zeit diskutiert wird, da es für viele Menschen eine große Herausforderung darstellt, gesunde und stabile Beziehungen aufrechtzuerhalten.

Der Hintergrund ist, dass die Weise, wie wir als Kinder unsere emotionalen Grundbedürfnisse erfahren und befriedigt bekommen, die Gestaltung unserer Beziehungen als Erwachsene stark beeinflusst. Im Idealfall werden diese Bedürfnisse von unseren Eltern erfüllt. Sie sind in der

Lage, uns Sicherheit, Geborgenheit, Bestätigung und Autonomie zu geben. Geschieht dies jedoch nicht oder nur teilweise, weil die Eltern beziehungsunfähig sind, bleiben diese Entwicklungspotentiale offen. Der Mensch sucht sich dann immer wieder ein Gegenüber, um diese Bedürfnisse zu befriedigen.

Dies führt häufig dazu, dass Menschen in problematische Beziehungen geraten. Sie haben Schwierigkeiten, Vertrauen aufzubauen, fühlen sich in Beziehungen unsicher und sind oft in Abhängigkeiten verstrickt. Aber was genau macht eine problematische Beziehung aus?

Eine problematische Beziehung kann durch verschiedene Anzeichen gekennzeichnet sein. Ständige Konflikte in der Beziehung können ein deutliches Signal dafür sein, dass es Probleme gibt, die nicht gelöst werden können oder wollen. Wenn eine Person das Gefühl hat, ihre eigenen Bedürfnisse und Wünsche aufgeben zu müssen, um die Beziehung aufrechtzuerhalten, kann dies ebenfalls ein Anzeichen dafür sein, dass die Beziehung nicht gesund ist.

Starke Eifersucht oder Kontrollsucht des Partners kann ebenfalls problematisch sein, da beide das Vertrauen in die Beziehung und die Freiheit der Person beeinträchtigen können. Wenn die Beziehung nicht stabil ist und es ständige Trennungen oder Streitigkeiten gibt, kann dies ein weiteres Signal dafür sein, dass es Probleme in der Beziehung gibt, die nicht gelöst werden können.

Emotionale oder körperliche Gewalt ist definitiv ein großes Problem in einer Beziehung und sollten niemals toleriert werden. Wenn eine Person in einer Beziehung emotional oder körperlich missbraucht wird, kann dies schwerwiegende Auswirkungen auf ihre körperliche und psychische Gesundheit haben.

Insgesamt kann eine problematische Beziehung durch eine Kombination dieser Anzeichen gekennzeichnet sein und es ist von entscheidender Bedeutung, dass die betroffene Person sich bewusst macht, dass dies nicht akzeptabel ist und sich etwas ändern muss, um die Beziehung zu verbessern oder sich von ihr zu lösen.

Um herauszufinden, ob Sie selbst in einem problematischen Beziehungsmuster gefangen sind, können Sie einen Selbsttest durchführen. Einige Fragen, die Sie sich stellen könnten, sind:

- Hatte ich in der Vergangenheit mehrere problematische Beziehungen?
- Habe ich Schwierigkeiten, mich aus einer Beziehung zu lösen, auch wenn sie nicht gut für mich ist?
- Habe ich das Gefühl, dass ich mich oft in Beziehungen mit Menschen begebe, die nicht gut für mich sind?
- Habe ich Schwierigkeiten, Vertrauen aufzubauen oder meine eigenen Bedürfnisse zu kommunizieren?
- Habe ich das Gefühl, dass ich in meinen Beziehungen oft Kompromisse eingehe und meine eigenen Bedürfnisse vernachlässige?

Wenn Sie eine oder mehrere dieser Fragen mit „Ja" beantworten, kann es sinnvoll sein, professionelle Hilfe in Anspruch zu nehmen. Um negative Beziehungsmuster zu durchbrechen und ein gesundes Beziehungsverhalten zu entwickeln, können Sie beispielsweise auf therapeutischen Rat zurückgreifen.

Problematische Beziehungen sind häufig auf traumatische Erfahrungen in der Kindheit zurückzuführen. Werden diese Erlebnisse nicht verarbeitet, können sie sich langfristig negativ auf Beziehungen auswirken. Mit dem Erkennen der eigenen Muster können jedoch positive Veränderungen erreicht werden. Eine Möglichkeit, eine gesunde Beziehung aufzubauen, besteht darin, sich bewusst zu machen, was man von einer Beziehung erwartet und welche Bedürfnisse erfüllt werden müssen.

Darüber hinaus ist es wichtig, mit dem Partner offen und ehrlich zu kommunizieren. Das bedeutet, dass man sich traut, die eigenen Bedürfnisse und Wünsche zu äußern, aber auch bereit ist, den Standpunkt des Partners zu verstehen und zu akzeptieren. Eine gute Beziehung basiert auf Vertrauen und Respekt und erfordert Arbeit und Kompromisse von beiden Seiten.

Ein weiterer wichtiger Aspekt zur Vermeidung problematischer Beziehungen ist die Selbstreflexion. Es kann hilfreich sein, sich regelmäßig Zeit zu nehmen, um über das eigene Verhalten in Beziehungen nachzudenken und zu überlegen, was man besser machen könnte. Auch das Nachdenken über vergangene Beziehungen und die Muster, die sich darin manifestiert haben, kann helfen, neue und gesunde Beziehungsmuster zu entwickeln.

Es muss jedoch betont werden, dass es in bestimmten Situationen trotz aller Bemühungen nicht möglich ist, aus einer bestehenden Beziehung eine gesunde Beziehung zu machen. In solchen Situationen ist es oft besser, die Beziehung zu beenden, um sich selbst zu schützen und weiteres Leid zu vermeiden. Abschließend lässt sich sagen, dass problematische Beziehungen ein komplexes Thema darstellen, das auf traumatische Erfahrungen in der Kindheit zurückgeht. Um diese Muster zu durchbrechen, kann es hilfreich sein, sich mit den eigenen „Themen der Kindheit" auseinanderzusetzen und bei Bedarf therapeutischen Rat in Anspruch zu nehmen sowie auch Selbstreflexion und eine offene Kommunikation mit dem Partner zu pflegen. Nur so kann eine gesunde Beziehung aufgebaut werden, die auf Vertrauen und Respekt basiert und langfristig glücklich macht.

ZWISCHEN SPRUNGHAFTIGKEIT, EMOTIONALER ABHÄNGIGKEIT & TRAUER

Zur Erinnerung: Beziehungssucht ist ein Phänomen, das oft schwer zu erkennen und zu verstehen ist. Sie wird häufig als eine Form emotionaler Abhängigkeit beschrieben, bei der eine Person ihr Selbstwertgefühl und ihre Identität von der Zustimmung und Liebe einer anderen Person abhängig macht. Beziehungssucht kann sich in verschiedenen Beziehungsgeflechten äußern, z. B. in einer Liebesbeziehung, einer Freundschaft oder sogar einer beruflichen Beziehung.

In der Praxis äußert sich die Beziehungssucht häufig ...

... durch eine intensive Suche nach Bestätigung und Nähe.

Die betroffene Person kann impulsiv handeln und Entscheidungen treffen, die nicht unbedingt im Einklang mit ihren eigenen Werten und Bedürfnissen stehen. Sie kann sich verzweifelt fühlen, wenn sie allein ist, und oft versuchen, jemanden zu finden, der sie liebt und akzeptiert. Beziehungssucht kann auch dazu führen, dass die betroffene Person bereit ist, ihre eigenen Grenzen zu überschreiten oder in einer ungesunden oder missbräuchlichen Beziehung zu bleiben.

Beispiel:

Ein Beispiel für Beziehungssucht wäre eine Person, die sich in einer unglücklichen Beziehung befindet, aber aus Angst vor Einsamkeit oder Ablehnung dennoch bei ihrem Partner bleibt. Obwohl sie weiß, dass die Beziehung nicht gut für sie ist und ihre Bedürfnisse nicht erfüllt, kann sie nicht loslassen und bleibt, in der Hoffnung, dass sich die Dinge verbessern werden.

… durch das Fehlen eines stabilen Selbstbildes.

Die Betroffenen können Schwierigkeiten haben, ihre eigenen Werte, Bedürfnisse und Ziele zu erkennen und zu kommunizieren. Stattdessen verlassen sie sich auf die Meinung anderer, um zu bestimmen, wer sie sind und was sie wollen. Dies kann zu einem Teufelskreis führen, in dem die Person sich immer mehr auf die Zustimmung und Liebe anderer verlässt, um ihre Identität und ihr Selbstwertgefühl zu definieren.

Beispiel:

Maike ist eine junge Frau, die sich in Beziehungen oft unwohl fühlt, wenn sie nicht ständig die Bestätigung ihres Partners bekommt. Es fällt ihr schwer, ihre eigenen Bedürfnisse und Wünsche zu erkennen und auszudrücken. Stattdessen fragt sie oft ihren Partner, was er denkt und wie er sich fühlt, bevor sie eine Entscheidung trifft oder ihre Meinung äußert.

Maike war sich nicht sicher, welchen Beruf sie ergreifen sollte, und fragte ihren Partner nach seiner Meinung. Dieser riet ihr, einen Beruf zu wählen, der gut bezahlt und prestigeträchtig ist, anstatt Maikes Interessen und Fähigkeiten zu berücksichtigen. Maike stimmte zu, weil sie dachte, dass ihr Partner besser wusste, was gut für sie war.

Mit der Zeit verlor Maike ihre eigenen Ziele und Träume aus den Augen und konzentrierte sich stattdessen darauf, ihren Partner glücklich zu machen und seine Zustimmung zu bekommen. Sie fühlte sich leer und unzufrieden mit ihrem Leben, wusste aber nicht, wie sie es ändern konnte, ohne die Liebe und Unterstützung ihres Partners zu verlieren.

In diesem Beispiel zeigt Maike Anzeichen von Beziehungssucht, indem sie sich auf die Meinung ihres Partners verlässt, um ihre Identität und ihr Selbstwertgefühl zu definieren. Sie hat Schwierigkeiten, ihre eigenen Bedürfnisse und Ziele zu erkennen und auszudrücken, was zu einem Teufelskreis führt, in dem sie sich immer mehr auf die Zustimmung und Liebe ihres Partners verlässt, um ihre Identität und ihr Selbstwertgefühl zu stärken.

… durch das Erleben von Leere oder das Gefühl der Unvollständigkeit. Wir können dann das Gefühl haben, ohne die Liebe und Aufmerksamkeit einer anderen Person nicht vollständig zu sein. Dies kann zu einem Mangel an Selbstwertgefühl und einem Gefühl der Verzweiflung führen, wenn wir uns alleine fühlen. Diese Leere kann auch dazu führen, dass wir versuchen, unsere Beziehungen zu füllen, auch wenn diese ungesund oder unangemessen sind.

Beispiel:
In diesem Beispiel fühlt sich eine Person unvollständig, wenn sie allein ist. Sie sehnt sich nach der Liebe und Aufmerksamkeit eines Partners und ist davon überzeugt, dass sie ohne eine Beziehung nicht glücklich sein kann. Sie hat das Gefühl, dass sie nur dann wertvoll und wichtig ist, wenn sie von jemand anderem geliebt wird.

Um ihre Leere zu füllen, beginnt diese Person, sich auf ungesunde Beziehungen einzulassen. Sie wählt Partner aus, die nicht gut für sie sind, weil sie glaubt, dass irgendeine Art von Beziehung besser ist als gar keine.

Sie ist bereit, ihre eigenen Bedürfnisse und Wünsche zurückzustellen, um die Aufmerksamkeit und Zuneigung ihres Partners zu gewinnen.

Diese Art von Verhalten führt oft dazu, dass die Person in unglücklichen und ungesunden Beziehungen landet. Sie wird verletzt und enttäuscht, aber sie bleibt bei ihrem Partner, weil sie Angst hat, alleine zu sein. Ihre Beziehungssucht hindert sie daran, glücklich und erfüllt zu sein, weil sie davon überzeugt ist, dass sie nur in einer Beziehung vollständig sein kann.

In der Praxis kann die Abhängigkeit von Beziehungen uns daran hindern, unser volles Potenzial zu erreichen. Wenn wir uns zu sehr auf die Zustimmung und Liebe anderer verlassen, um unser Selbstbild und Selbstwertgefühl zu definieren, können wir uns in Beziehungen wiederfinden, die uns nicht guttun oder uns nicht erlauben, unsere eigenen Ziele und Träume zu verfolgen. Wir können auch Schwierigkeiten haben, Grenzen zu setzen und unsere Bedürfnisse zu kommunizieren, was zu einer ungesunden Dynamik in unseren Beziehungen führen kann.

Beispiel für eine problematische Beziehungskonstruktion aufgrund von Beziehungssucht:

Um die problematische Beziehungskonstruktion zu verdeutlichen, schauen wir uns das Fallbeispiel von Anna und Tom an. Anna war seit Jahren in Tom verliebt und hatte immer das Gefühl, er sei der einzige Mann, der sie wirklich glücklich machen könnte. Tom war jedoch nicht so engagiert wie Anna und zeigte oft Desinteresse an ihrer Beziehung. Anna hatte das Gefühl, ihn nur glücklich machen zu können, wenn sie sich ständig bemühte, es ihm recht zu machen und keine Forderungen zu stellen. Sie vernachlässigte ihre eigenen Bedürfnisse und Interessen, um Tom zufriedenzustellen, und verbrachte ihre Zeit damit, ihm zu gefallen und zu hoffen, dass er sich in sie verlieben würde.

Tom hingegen genoss Annas Aufmerksamkeit und nutzte ihre Liebe und Abhängigkeit aus, um seine eigenen Bedürfnisse zu befriedigen. Er war unehrlich und manipulativ in seiner Beziehung zu ihr und sagte ihr oft das, was sie hören wollte, um sie bei sich zu behalten. Anna war jedoch blind vor Liebe und erkannte nicht, dass Tom sie nicht so liebte, wie sie es verdiente.

Die Beziehung zwischen Anna und Tom war von Beziehungssucht geprägt. Anna war so abhängig von Toms Aufmerksamkeit und Liebe, dass sie ihre eigenen Bedürfnisse und Grenzen ignorierte. Tom wiederum nutzte Annas Abhängigkeit aus, um seine eigenen Bedürfnisse zu befriedigen, ohne auf ihre Gefühle und Wünsche Rücksicht zu nehmen.

In diesem Fall hinderte die Beziehungssucht Anna daran, ihr volles Potenzial zu entfalten. Sie opferte ihre eigenen Bedürfnisse und Interessen, um Tom zu gefallen, und vernachlässigte ihre eigenen Träume und Ziele. Sie war auch nicht in der Lage, klare Grenzen zu setzen und ihre eigenen Bedürfnisse zu kommunizieren, was dazu führte, dass Tom sie manipulierte und ausnutzte.

Um sich von ihrer Beziehungssucht zu befreien und ihr volles Potenzial zu entfalten, musste Anna lernen, sich selbst zu lieben und zu akzeptieren, unabhängig von der Meinung anderer. Sie musste ihre eigenen Bedürfnisse und Grenzen definieren und lernen, für sich selbst einzustehen. Sie musste auch lernen, sich aus toxischen Beziehungen zu lösen und Beziehungen einzugehen, die auf gegenseitigem Respekt und Liebe basieren.

Fazit: Beziehungssucht kann uns also an der vollen Entfaltung unseres Potenzials behindern, indem sie uns in ungesunden Beziehungsdynamiken gefangen hält und uns daran hindert, unsere eigenen Bedürfnisse und Ziele zu verfolgen. Wir müssen lernen, uns selbst zu lieben und zu akzeptieren, unabhängig von der Meinung anderer, klare Grenzen zu setzen und unsere Bedürfnisse zu kommunizieren. Nur so können wir die Abhängigkeit von Beziehungen überwinden und gesunde Beziehungen aufbauen, die es uns ermöglichen, unser ganzes Potenzial zu entfalten und ein zufriedenes Leben zu führen.

Wie unser inneres Kind uns versucht, zu helfen

Jeder von uns hat ein inneres Kind. Es ist die Summe aller Erlebnisse und Eindrücke, die wir in unserer frühen Kindheit gesammelt haben. Das innere Kind kann Ihnen helfen, Ihr Leben positiv zu gestalten, es kann Sie aber auch einschränken, wenn Sie sich von alten Verhaltensmustern leiten lassen.

Zur Erinnerung: Das innere Kind bezieht sich auf unsere ursprüngliche, emotionale und unschuldige Natur, die wir als Kinder hatten und die in uns weiterlebt. Es umfasst unsere Bedürfnisse, Wünsche, Ängste und Verletzungen, die aus unseren frühen Erfahrungen stammen und unser Verhalten und unsere Emotionen im Erwachsenenalter beeinflussen können.

Das innere Kind ist eine Art Schutzmechanismus, der uns in schwierigen Situationen helfen soll. Es wurde in der Kindheit geprägt und hat gelernt, auf bestimmte Weise zu reagieren, um zu überleben. Wenn wir uns jedoch als Erwachsene von diesen alten Verhaltensmustern leiten lassen, kann das innere Kind uns hemmen und uns daran hindern, unser Leben in vollen Zügen zu genießen.

In diesem Teil beschäftigen wir uns mit den unterschiedlichen Verhaltensmustern, die das innere Kind auslösen kann. Wir werden sehen, dass diese Verhaltensweisen, obwohl sie auf den ersten Blick sinnvoll erscheinen, uns auf lange Sicht einschränken können. Wir werden uns auch mit den psychischen Bewältigungsstrategien beschäftigen, die wir aufgrund unserer Prägungen entwickelt haben, um mit schwierigen Situationen umzugehen.

Ein zentrales Konzept in diesem Zusammenhang ist die strukturelle Dissoziation nach traumatischen Erfahrungen. Sie beschreibt ein Phänomen, das auftritt, wenn eine Person ein traumatisches Ereignis erlebt, das so überwältigend ist, dass sie es nicht verarbeiten kann. In diesem Fall spaltet sich die Persönlichkeit in verschiedene Teile auf, um das traumatische Ereignis zu überleben.

Die strukturelle Dissoziation ist ein Phänomen, das von verschiedenen Trauma-Forschern, wie Van der Hart (*1941), Nijlenuis (*1951) und Steele, beschrieben und von Ruppert (*1957) modifiziert wurde. Sie postulieren, dass sich nach einer traumatischen Erfahrung drei verschiedene Persönlichkeitsanteile herausbilden:

- Die „kindlichen" emotionalen Persönlichkeitsanteile: Diese Anteile repräsentieren das traumatisierte Kind, das das Ereignis erlebt hat. Sie speichern die emotionalen Erinnerungen und Empfindungen und sind oft mit negativen Emotionen wie Angst, Schmerz, Verzweiflung oder Hilflosigkeit verbunden.
- Die Überlebensanteile (Bewältigungsstrategien): Diese Persönlichkeitsanteile entstehen als Reaktion auf das traumatische Ereignis, um das Kind zu schützen. Sie können verschiedene Verhaltensweisen auslösen, wie z. B. Vermeidung, Kontrolle, Überanpassung, Illusionen, Machtstreben, Kompensation, Symptombekämpfung und Perfektionismus, auf die in den folgenden Kapiteln genauer eingegangen wird. Diese Überlebensanteile sind oft mit positiven Emotionen wie Stärke, Ausdauer oder Kontrolle verbunden.

- Der scheinbar normale Persönlichkeitsanteil (Funktionsanteil): Dieser Persönlichkeitsanteil repräsentiert die Seite der Person, die sich der Außenwelt präsentiert und sich den Anforderungen des Alltags anpasst. Der Funktionsanteil ist oft nicht mit den emotionalen Erinnerungen des traumatisierten Kindes verbunden und kann daher die traumatische Erfahrung verdrängen oder unterdrücken.

Die strukturelle Dissoziation nach einer traumatischen Erfahrung wirkt sich auf das Handeln und Fühlen der Betroffenen aus. Wenn das traumatisierte Kind in schwierigen Situationen reaktiviert wird, können die Überlebensanteile aktiviert werden und uns in unserem Alltag einschränken. Es kann schwierig sein, sich von diesen alten Verhaltensmustern zu lösen, aber durch bewusste Reflexion und Arbeit an uns selbst können wir unser inneres Kind heilen und uns von frühen Prägungen und Verhaltensweisen befreien.

Beispiel:
Eine Person, die in ihrer Kindheit sexuell missbraucht wurde, kann eine strukturelle Dissoziation zwischen ihren emotionalen und kognitiven Funktionen entwickeln. Dies kann dazu führen, dass sie als Erwachsene Schwierigkeiten hat, ihre Gefühle angemessen zu regulieren und ihre Gedanken klar zu ordnen.

Der kindliche Persönlichkeitsanteil kann aufgrund des Traumas unterentwickelt sein, was zu Schwierigkeiten führt, Emotionen zu regulieren und angemessen auf emotional herausfordernde Situationen zu reagieren.

Der Überlebensanteil der Persönlichkeit ist normalerweise darauf ausgerichtet, die Person vor weiteren traumatischen Erfahrungen zu schützen. In diesem Fall ist dieser Persönlichkeitsanteil sehr dominant, was dazu führt, dass die Person versucht, emotionale Situationen zu vermeiden oder zu kontrollieren, um sich vor möglichen emotionalen Verletzungen zu schützen.

Der kognitive Teil der Persönlichkeit wird im Allgemeinen mit der Denk- und Urteilsfähigkeit der Person in Verbindung gebracht. In diesem Beispiel könnte dieser Teil der Persönlichkeit übermäßig entwickelt sein, was dazu führt, dass sich die Person auf ihre Gedanken und ihr rationales Denken konzentriert, anstatt ihre Emotionen zu berücksichtigen und angemessen auf emotionale Situationen zu reagieren.

Kurz gesagt: Das innere Kind spielt eine wichtige Rolle in unserem Leben und kann uns helfen, aber auch einschränken. Durch das Verständnis der strukturellen Dissoziation und der verschiedenen Persönlichkeitsanteile, die nach traumatischen Erfahrungen entstehen können, können wir uns bewusst mit unseren Prägungen und Verhaltensweisen auseinandersetzen. Indem wir uns von alten Verhaltensmustern lösen und unser inneres Kind heilen, können wir uns von Einschränkungen befreien und unser Leben in vollen Zügen genießen. Um dieses Ziel zu erreichen, bedarf es jedoch Arbeit und Reflexion. In den folgenden Kapiteln werden wir uns mit konkreten Strategien und Techniken beschäftigen, um unser inneres Kind zu heilen und unser Leben positiv zu gestalten.

VERMEIDUNG

Wie wir bisher gelernt haben, ist unser inneres Kind ein Teil von uns, der sich aus unseren frühen Erfahrungen und Beziehungen zu unseren Eltern oder Betreuern entwickelt hat. Es beeinflusst, wie wir uns selbst sehen, wie wir uns in Beziehungen verhalten und wie wir mit Herausforderungen umgehen. Als Reaktion auf ein traumatisches Ereignis können verschiedene Schutzstrategien, wie z. B. Vermeidung, ausgelöst werden, um das Kind zu schützen. In manchen Fällen kann der Schutzmechanismus uns aber auch daran hindern, unsere Ziele zu erreichen und unser Potenzial voll auszuschöpfen.

Definition: Vermeidung
Die Vermeidungsstrategie unseres inneren Kindes ist ein Schutzmechanismus, bei dem wir uns Verhaltensweisen aneignen, um schmerzhafte Emotionen oder Erfahrungen aus unserer Kindheit zu vermeiden.

Beispiel:
Wenn unsere innere Überzeugung lautet, „Ich bin erfolglos", kann unser inneres Kind versuchen, uns vor der möglichen Bestätigung dieser Überzeugung zu schützen, indem es uns davon abhält, uns in Situationen zu begeben, die zu echtem Erfolg führen könnten. Das kann bedeuten, dass wir uns nicht um einen besseren Job bewerben, uns nicht um eine Beförderung bemühen oder uns nicht auf neue Herausforderungen einlassen.

Auf den ersten Blick mag diese Vermeidungsstrategie vernünftig erscheinen. Schließlich vermeiden wir das Risiko, enttäuscht zu werden oder zu scheitern. Unser inneres Kind versucht, uns zu schützen, indem es uns davor bewahrt, in eine Situation zu geraten, die unseren Selbstwert in Frage stellen könnte.

Diese Vermeidungsstrategie kann jedoch auch zu Problemen führen. Wenn wir uns keinen Herausforderungen stellen und uns nicht erlauben, neue Erfahrungen zu machen, können wir in einen Zustand der Stagnation und Frustration geraten. Wir können das Gefühl haben, dass wir uns nicht weiterentwickeln und dass unser Leben in einer Sackgasse steckt.

Darüber hinaus kann die Vermeidungsstrategie auch dazu führen, dass wir uns isolieren und uns von anderen Menschen distanzieren. Wir können uns in unseren eigenen Kokon zurückziehen, um uns vor möglichen Bedrohungen zu schützen. Dies kann zu einem Gefühl der Einsamkeit und des Getrenntseins von anderen führen, was wiederum unser Selbstwertgefühl beeinträchtigen kann.

Das Bedürfnis nach Bestätigung der eigenen Selbstüberzeugung ist für die Psyche „sicherer" als eine neue positive Erfahrung (Erfolg). Unser inneres Kind will uns schützen und verhindern, dass wir verletzt werden.

Es ist jedoch wichtig, zu erkennen, dass das Vermeiden von Herausforderungen und das Vermeiden von Erfolg langfristig zu größeren Problemen führen kann. Wir müssen lernen, uns unseren Ängsten zu stellen und uns zu erlauben, uns zu entwickeln und zu wachsen.

Es gibt verschiedene Möglichkeiten, wie Sie lernen können, Ihre Vermeidungsstrategien zu überwinden und sich neuen Herausforderungen zu stellen. Eine Möglichkeit besteht darin, Ihre negativen Überzeugungen zu erkennen und zu hinterfragen. Wenn Sie zum Beispiel glauben, dass Sie nicht erfolgreich sein werden, können Sie sich fragen, woher dieser Glaube kommt und ob er wirklich der Realität entspricht.

Eine andere Möglichkeit besteht darin, sich bewusst für neue Erfahrungen zu öffnen und sich neuen Herausforderungen zu stellen. Sie können sich Ziele setzen, die Sie herausfordern und es Ihnen ermöglichen, neue Fähigkeiten zu entfalten und sich weiterzuentwickeln. Sie können sich auch darauf konzentrieren, Ihre Stärken zu nutzen und sich auf das Positive zu konzentrieren, anstatt sich auf Ihre Schwächen und Misserfolge zu fokussieren.

Es ist auch hilfreich, sich Unterstützung von anderen zu holen. Sie können mit Freunden oder Familienmitgliedern sprechen, die Sie ermutigen und Ihnen helfen, sich Ihren Ängsten zu stellen. Auch eine professionelle Hilfe kann helfen, negative Überzeugungen zu erkennen und neue Strategien zu entwickeln, die es Ihnen ermöglichen, sich weiterzuentwickeln und Ihre Ziele zu erreichen.

Letztendlich ist es wichtig, zu erkennen, dass unsere Vermeidungsstrategien von unserem inneren Kind stammen und uns daran hindern können, unser volles Potenzial zu entfalten. Wir müssen lernen, uns unseren Ängsten zu stellen und uns zu erlauben, uns zu entwickeln und zu wachsen. Indem wir uns auf das Positive konzentrieren und uns bewusst für neue Erfahrungen öffnen, können wir uns helfen, unser inneres Kind zu heilen und uns zu erlauben, unser volles Potenzial zu entfalten.

KONTROLLE

Neben der Vermeidung kann auch die Schutzstrategie Kontrolle als Reaktion auf ein traumatisches Ereignis ausgelöst werden, um unser inneres Kind zu schützen. Die Kontrollstrategie des inneren Kindes bezieht sich auf einen psychologischen Mechanismus, durch den wir versuchen, Kontrolle über unsere Umwelt, andere Menschen oder uns selbst zu erlangen, um uns vor vergangenen traumatischen Kindheitserfahrungen zu schützen. Diese Strategie kann verschiedene Formen annehmen, wie z. B. Perfektionismus, ein ständiges Bedürfnis nach Ordnung und Struktur, Überforderung oder Mikromanagement von Situationen. Obwohl diese Strategien kurzfristig hilfreich sein können, um uns ein Gefühl von Sicherheit zu geben, können sie langfristig zu Problemen wie Stress, Kontrollverlust oder zwischenmenschlichen Konflikten führen. Es ist wichtig, diese Kontrollstrategien zu erkennen und zu verstehen, um sie überwinden und ein gesünderes und erfüllteres Leben führen zu können.

Definition: Kontrolle
Die Kontrollstrategie unseres inneren Kindes ist ein Schutzmechanismus, bei dem wir versuchen, Kontrolle über unsere Umgebung oder uns selbst zu erlangen, um vergangene traumatische Erfahrungen zu vermeiden.

Manche Menschen entwickeln im Laufe ihres Lebens Kontrollzwänge, sei es im Alltag oder in Beziehungen. Diesen Menschen fehlt das Urvertrauen in sich selbst und in andere. Es gibt verschiedene Gründe, warum das innere Kind diese Kontrollzwänge entwickelt, aber meistens ist es ein Schutzmechanismus, um sich vor Verletzungen oder Enttäuschungen zu schützen.

Die Ursachen für Kontrollzwänge können in der Kindheit liegen. Wenn ein Kind in seiner Kindheit keine positive Bestätigung oder Sicherheit erfahren hat, kann dies dazu führen, dass es als Erwachsener Schwierigkeiten hat, Vertrauen zu entwickeln. Dies kann sich in verschiedenen Formen von Kontrollzwängen äußern.

Beispiel für Kontrollzwänge im Alltag:
Kontrollzwänge im Alltag können sich auf verschiedene Weise manifestieren. Ein Beispiel wäre, dass eine Person ständig das Bedürfnis hat, zu überprüfen, ob die Türen in ihrem Haus oder ihrer Wohnung abgeschlossen sind. Selbst wenn sie sich sicher ist, dass sie die Tür abgeschlossen hat, könnte sie trotzdem immer wieder zurückkehren, um zu überprüfen, ob die Tür noch verschlossen ist.

Wenn dieses Verhalten jedoch sehr stark ausgeprägt ist und dazu führt, dass die Person ständig in Panik gerät oder sich von ihrem normalen Tagesablauf ablenken lässt, könnte es ein Anzeichen für einen Kontrollzwang sein.

Auch in Beziehungen können Kontrollzwänge auf verschiedene Weise auftreten. Beispielsweise kann eine Person ihrem Partner gegenüber sehr misstrauisch sein und ständig nach Beweisen für seine Liebe suchen. Diese Kontrolle kann dazu führen, dass der Partner sich erstickt fühlt und das Vertrauen in die Beziehung verliert.

In Beziehungen ist es wichtig, Vertrauen aufzubauen und sich gegenseitig zu respektieren. Das bedeutet, sich darauf zu konzentrieren, sich auf den anderen einzulassen und ihm zu vertrauen, anstatt ständig nach Beweisen zu suchen. Wenn eine Beziehung auf Vertrauen basiert, können beide Partner offen und ehrlich miteinander kommunizieren und eine tiefere und erfüllende Beziehung aufbauen.

Um mit Kontrollzwängen umzugehen, ist es wichtig, sich der zugrunde liegenden Ursachen bewusst zu sein. Es ist auch wichtig, sich daran zu erinnern, dass Kontrolle nicht gleichbedeutend mit Sicherheit ist. Manchmal ist es notwendig, loszulassen und anderen zu vertrauen, um eine glückliche und erfüllte Beziehung zu führen.

In jedem Fall ist es wichtig, dem inneren Kind die Aufmerksamkeit und Fürsorge zu geben, die es braucht. Indem wir uns um uns selbst kümmern und auf unsere eigenen Bedürfnisse achten, können wir lernen, uns selbst und anderen zu vertrauen. Wir können lernen, uns selbst zu schützen und uns sicher zu fühlen, ohne Kontrollzwänge zu entwickeln.

Wenn wir lernen, uns selbst zu akzeptieren und unsere Bedürfnisse zu respektieren, können wir besser verstehen, warum wir Kontrollzwänge entwickelt haben. Es kann uns auch helfen, Fehler zu machen und aus ihnen zu lernen. Indem wir uns erlauben, menschlich zu sein, können wir uns von der Last der Kontrolle befreien und uns auf positive und gesunde Weise entwickeln.

Kontrollzwänge können eine Herausforderung sein, aber sie können überwunden werden. Um Ihre Kontrollzwänge zu überwinden, sollten Sie die folgenden Schritte befolgen:

Anleitung zur Überwindung von Kontrollzwängen:

- Bewusstsein schaffen: Finden Sie heraus, warum Sie kontrollieren. Möglicherweise haben Sie in der Vergangenheit traumatische Erfahrungen gemacht, die dazu geführt haben, dass Sie Kontrolle ausüben. Oder es könnte ein tiefer liegendes Bedürfnis nach Sicherheit und Stabilität sein. Wenn Sie sich bewusst machen, warum Sie Kontrolle ausüben, können Sie besser verstehen, was Sie brauchen, um sich sicher zu fühlen.

- Neue Verhaltensweisen erlernen: Wenn Sie verstanden haben, warum Sie Kontrolle ausüben, können Sie damit beginnen, neue Verhaltensweisen zu erlernen. Das kann bedeuten, dass Sie lernen, sich Ihren Ängsten zu stellen und Vertrauen in sich selbst und andere aufzubauen. Ein qualifizierter Therapeut kann Ihnen dabei helfen, neue Verhaltensweisen zu erlernen und einzuüben.

- Pflege des inneren Kindes: Wenn Sie unter Kontrollzwängen leiden, kann Ihr inneres Kind verletzt und verunsichert sein. Indem Sie sich um Ihr inneres Kind kümmern und ihm Liebe und Unterstützung geben, können Sie ihm helfen, sich sicherer und stabiler zu fühlen. Sie können dies tun, indem Sie Dinge tun, die Ihnen Freude bereiten und Sie glücklich machen.

- Selbstakzeptanz und Selbstliebe: Schließlich ist es wichtig, dass Sie lernen, sich selbst zu akzeptieren und zu lieben. Wenn Sie unter Kontrollzwängen leiden, kann es sein, dass Sie sich ständig kritisieren und bestrafen. Wenn Sie lernen, sich selbst zu akzeptieren und zu lieben, können Sie ein erfülltes und glückliches Leben führen.

Abschließend lässt sich sagen, dass Sie Kontrollzwänge überwinden können, indem Sie sich bewusst machen, warum Sie Kontrolle ausüben, indem Sie neue Verhaltensweisen erlernen, indem Sie sich um Ihr inneres Kind kümmern und indem Sie sich selbst akzeptieren und lieben.

ÜBERANPASSUNG

Um unser inneres Kind zu schützen, kann als Reaktion auf ein traumatisches Ereignis neben der Vermeidung und der Kontrolle auch die Schutzstrategie Überanpassung ausgelöst werden. Die Überanpassungsstrategie unseres inneren Kindes bezieht sich auf einen tiefen inneren Prozess, in dem wir uns selbst und unser Verhalten ändern, um uns an andere anzupassen und Konflikte oder Ablehnung zu vermeiden, die aus vergangenen traumatischen Kindheitserfahrungen herrühren können. Diese Strategie kann verschiedene Formen annehmen, z. B. Selbstverleugnung, Unterdrückung von Bedürfnissen oder das Zurückhalten von Meinungen, um andere nicht zu verärgern. Obwohl diese Strategie kurzfristig hilfreich sein kann, um zwischenmenschliche Beziehungen zu erleichtern, kann sie langfristig zu Problemen wie Verlust des Selbstwertgefühls, Identitätsproblemen oder der Entwicklung von Co-Abhängigkeit führen.

Definition: Überanpassung
Die Überanpassungsstrategie unseres inneren Kindes ist ein Schutzmechanismus, bei dem wir unser Verhalten anpassen, um Konflikte oder Ablehnung zu vermeiden, die aus vergangenen traumatischen Erfahrungen herrühren könnten.

Menschen, die von Überanpassung betroffen sind, haben oft den Glaubenssatz „Ich bin nicht gut genug". Sie haben Angst vor Ablehnung und wollen es allen recht machen, um gemocht und akzeptiert zu werden. Dies führt oft dazu, dass sie ihre eigenen Bedürfnisse und Wünsche unterdrücken oder gar nicht erst wahrnehmen. Sie opfern sich für andere auf und vernachlässigen ihre eigenen Bedürfnisse. Dies kann bis zum Helfersyndrom führen, bei dem man sich völlig für andere aufopfert, ohne auf sich selbst zu achten.

Das Schattenkind, der verletzliche Teil des inneren Kindes, wird durch das Helfen geschützt. Wenn man anderen hilft, wird man oft positiv wahrgenommen und gelobt. Es gibt einem das Gefühl, gebraucht zu werden und wichtig zu sein, was wiederum das Selbstwertgefühl steigert. Gleichzeitig ist es aber auch eine Flucht vor der eigenen Verletzlichkeit. Indem man anderen hilft, muss man sich nicht mit den eigenen Ängsten und Verletzungen auseinandersetzen.

Das Paradoxe an der Überanpassung ist jedoch, dass man trotz des ständigen Helfens und Sich-Aufopferns oft abgelehnt und verlassen wird. Denn dadurch wird man für andere unsichtbar und schwer greifbar. Niemand weiß, woran er bei einem überangepassten Menschen ist, weil er sich ständig nach anderen richtet und seine eigenen Bedürfnisse zurückstellt. Dies führt oft dazu, dass man als überangepasster Mensch nicht wirklich Teil einer Gemeinschaft ist und sich einsam und unverstanden fühlt.

Befinden Sie sich aktuell in diesem Teufelskreis, ist es wichtig, aus diesem auszubrechen, indem Sie lernen, Ihre eigenen Bedürfnisse und Wünsche wahrzunehmen und sich selbst wichtig zu nehmen. Sie müssen lernen, Nein zu sagen und für sich selbst einzustehen. Nur so können Sie für andere sichtbarer werden und eine echte Verbindung zu anderen Menschen aufbauen. Es ist notwendig, sich mit der eigenen Verletzlichkeit auseinanderzusetzen und sich selbst mit all seinen Ängsten und Unsicherheiten anzunehmen.

Ein erster Schritt kann hierbei für Sie sein, sich Ihren Bedürfnissen und Wünschen bewusst zu werden. Es kann hilfreich sein, dass Sie sich regelmäßig Zeit für sich selbst nehmen und sich fragen, was Sie gerade brauchen oder worauf Sie Lust haben. Es kann auch hilfreich sein, sich selbst zu reflektieren und sich bewusst zu machen, warum man immer wieder in das Muster der Überanpassung zurückfällt. Dabei sollten Sie sich fragen, welche Überzeugungen oder Ängste dazu führen, dass Sie sich immer wieder für andere aufopfern.

Es ist eine wichtige Erkenntnis, sich bewusst zu machen, dass eine überangepasste Person nicht automatisch unglücklich oder unerfüllt sein muss. Es geht vielmehr darum, dass Sie ein Gleichgewicht zwischen den eigenen Bedürfnissen und denen der anderen finden. Nur so ist es für Sie möglich, eine erfüllende Beziehung zu anderen aufzubauen, ohne Ihre eigene Identität zu verlieren.

Um diese Balance zu finden, können Sie sich bewusst machen, dass Ihre eigenen Bedürfnisse genauso wichtig sind wie die Bedürfnisse anderer. Sie können lernen, sich selbst wichtig zu nehmen und Ihre Grenzen zu respektieren. Es ist in Ordnung, sich abzugrenzen und „Nein" zu sagen, wenn Sie merken, dass Sie sich überfordert oder ausgenutzt fühlen.

Insgesamt kann man sagen, dass Überanpassung ein Muster ist, das viele Menschen betrifft. Es geht darum, sich für andere aufzuopfern und die eigenen Bedürfnisse zurückzustellen, um gemocht und akzeptiert zu werden. Dies kann jedoch dazu führen, dass man sich unsichtbar und unverstanden fühlt und keine echten Beziehungen zu anderen aufbauen kann. Es ist essenziell, sich bewusst zu machen, dass die eigenen Bedürfnisse genauso wichtig sind wie die der anderen, und zu lernen, für sich selbst einzustehen. Nur so kann man eine erfüllende Beziehung zu anderen aufbauen und ein glückliches und erfülltes Leben führen.

ILLUSION

Kommen wir zu einer weiteren Schutzstrategie, die nach einem traumatischen Ereignis ausgelöst werden kann: die Illusion. Die Illusionsstrategie des inneren Kindes bezieht sich auf einen Mechanismus, bei dem wir uns in unrealistische Vorstellungen und Illusionen flüchten, um uns vor schmerzhaften Realitäten oder traumatischen Kindheitserfahrungen zu schützen. Diese Strategie kann verschiedene Formen annehmen, z. B. die Flucht in Tagträume, die Schaffung einer idealisierten Version von uns selbst oder unserem Leben oder die Verleugnung von Problemen oder Herausforderungen. Obwohl diese Strategie kurzfristig helfen kann, Trost und Zuflucht zu finden, kann sie langfristig zu Problemen führen, wie z. B. einer Verzerrung der Realität, dem Verlust des Kontakts zu unseren Gefühlen oder einem Mangel an Motivation, Veränderungen herbeizuführen. Es ist daher von großer Bedeutung, diese Illusionsstrategien zu erkennen und zu verstehen, um sie überwinden und ein gesünderes und authentischeres Leben führen zu können.

Definition: Illusion
Die Illusionsstrategie unseres inneren Kindes ist ein Schutzmechanismus, bei dem wir uns in unrealistische Vorstellungen flüchten, um uns vor schmerzhaften Realitäten oder traumatischen Erfahrungen zu schützen.

Beispiel:
Menschen haben oft das Bedürfnis, sich vor unangenehmen Situationen zu schützen. Wenn wir uns gestresst, überfordert oder ängstlich fühlen, neigen wir dazu, uns zurückzuziehen und uns in einer vertrauten Umgebung zu verstecken. Das kann ein physischer Rückzug sein, indem wir uns in unsere Wohnung zurückziehen oder uns von anderen Menschen isolieren. Es kann aber auch ein emotionaler Rückzug sein, indem wir uns in unsere eigenen Gedanken und Gefühle zurückziehen und den Kontakt zu anderen Menschen meiden.

In diesen Momenten sucht das innere Kind Sicherheit und Geborgenheit. Das innere Kind repräsentiert die emotionalen Bedürfnisse, die wir als Kinder hatten, und es kann uns helfen, uns an vergangene Erfahrungen zu erinnern, in denen wir uns sicher und geborgen gefühlt haben. Auf diese Weise können wir uns eine imaginäre Welt erschaffen, in der wir uns sicher und geborgen fühlen, auch wenn sie nicht der Realität entspricht. Wir können uns zum Beispiel in Gedanken an glückliche Momente in der Vergangenheit erinnern oder uns in eine Fantasiewelt flüchten, um uns von der Realität abzulenken.

Diese Illusion kann aber auch zum Problem werden, wenn wir uns zu weit von der Realität entfernen und uns in unserer eigenen Welt verlieren. Wir können uns in einer Fantasiewelt verlieren, die uns von unseren Problemen und Herausforderungen ablenkt. So vermeiden wir zwar vorübergehend unangenehme Gefühle, langfristig verschlimmert sich die Situation aber oft noch.

Wie können Sie verhindern, dass Sie sich in Ihrer eigenen Welt verlieren und eine Illusion schaffen, die Ihnen langfristig schadet?

Zunächst sollten Sie sich bewusst machen, dass Ihr inneres Kind Ihnen helfen will, aber auch dazu neigt, Sie in eine Illusion zu führen. Fragen Sie sich, welche Bedürfnisse Ihr inneres Kind hat und wie Sie diese auf gesunde Weise erfüllen können.

Wenn Sie sich in schwierigen Situationen unsicher oder überfordert fühlen, sollten Sie sich nicht zurückziehen, sondern sich Ihren Problemen stellen und nach Lösungen suchen. Fragen Sie sich, was Sie wirklich brauchen und welche Schritte Sie unternehmen können, um Ihre Bedürfnisse zu erfüllen. Dabei sollten Sie auch die Unterstützung anderer Menschen suchen, sei es durch Freunde, Familie oder professionelle Hilfe.

Es ist notwendig, dass Sie Ihre Gefühle wahrnehmen und zulassen. Verlieren Sie sich nicht in einer Fantasiewelt, sondern setzen Sie sich mit der Realität auseinander und lernen Sie, Ihre Gefühle anzunehmen und zu verarbeiten. Eine achtsame und meditative Praxis kann Ihnen helfen, sich zu erden und mit sich selbst in Kontakt zu kommen.

Eine weitere Möglichkeit, wie Ihnen Ihr inneres Kind helfen kann, ist Ihre Kreativität. Oft haben wir als Kinder eine natürliche Kreativität und Fantasie, die wir als Erwachsene verloren haben. Indem Sie sich mit Ihrer Kreativität verbinden, können Sie Ihr inneres Kind wieder zum Leben erwecken und sich auf neue Weise mit sich selbst und Ihrer Umwelt verbinden.

Durch kreative Tätigkeiten wie Malen, Schreiben oder Musizieren können Sie sich ausdrücken und Ihre Gefühle auf andere Weise verarbeiten. Sie können sich in Ihrer Fantasiewelt verlieren, aber auf eine gesunde Art und Weise, die Ihnen hilft, Ihre Gefühle zu verstehen und zu verarbeiten. Es geht nicht darum, perfekt zu sein oder ein Meisterwerk zu schaffen, sondern darum, sich auszudrücken und mit dem inneren Kind in Kontakt zu treten.

Wichtig ist aber auch, dass wir uns nicht zu sehr von unserer Kreativität ablenken lassen und uns nicht in einer Fantasiewelt verlieren. Wir sollten uns immer bewusst sein, dass es ein Gleichgewicht zwischen unserer Fantasie und der Realität gibt und dass wir uns in beiden Welten zurechtfinden müssen. Wenn wir uns zu sehr von unserer Kreativität ablenken lassen, können wir uns von unserer Umwelt und unseren Problemen entfernen, was langfristig zu einer Verschlimmerung unserer Situation führen kann.

Alles in allem kann Ihnen Ihr inneres Kind auf verschiedene Weise helfen, sich selbst besser zu verstehen und mit sich selbst und Ihrer Umwelt in Kontakt zu treten. Sie sollten sich jedoch bewusst sein, dass Ihr inneres Kind Sie auch in eine Illusion führen kann, wenn Sie sich zu weit von der Realität entfernen. Es ist von zentraler Bedeutung, dass Sie sich Ihrer Bedürfnisse bewusstwerden und lernen, sie auf gesunde Weise zu befriedigen, indem Sie sich Ihren Ängsten und Sorgen stellen und Unterstützung suchen, wenn Sie sich überfordert fühlen.

MACHTSTREBEN

Um unser inneres Kind zu schützen, kann als Reaktion auf ein traumatisches Ereignis neben der Vermeidung, der Kontrolle, der Überanpassung und der Illusion auch die Schutzstrategie Machtstreben ausgelöst werden. Die Machtstrategie unseres inneren Kindes bezieht sich auf einen psychologischen Mechanismus, durch den wir versuchen, Macht und Kontrolle über andere Menschen oder Situationen zu erlangen, um unsere eigenen Bedürfnisse und Wünsche zu befriedigen. Diese Strategie kann verschiedene Formen annehmen, wie z. B. Manipulation, Dominanz, Aggression oder die Ausnutzung von Autorität. Obwohl diese Strategie kurzfristig helfen kann, uns ein Gefühl von Stärke und Selbstwert zu geben, kann sie langfristig zu Problemen führen, wie z. B. einer Verschlechterung zwischenmenschlicher Beziehungen, Einsamkeit oder Schuldgefühlen. Es ist notwendig, diese Machtstrategien zu erkennen und zu verstehen, um sie überwinden und ein gesünderes und harmonischeres Leben führen zu können.

Definition: Machtstreben
Die Machtstreben-Strategie unseres inneren Kindes ist ein Schutzmechanismus, bei dem wir versuchen, Macht und Kontrolle über andere Menschen oder Situationen zu erlangen, um unsere eigenen Bedürfnisse und Wünsche zu erfüllen.

Machtstreben bezieht sich auf das Bedürfnis, Kontrolle und Macht über andere Menschen oder Situationen zu erlangen. Dieses Verhalten kann aus der Angst oder Unsicherheit entstehen, die das innere Kind erlebt hat, als es sich in einer Situation befand, in der es sich hilflos und ausgeliefert fühlte. Diese Erfahrung kann dazu führen, dass das innere Kind versucht, sich zu schützen, indem es Macht über andere Menschen oder Situationen erlangt.

Beispiel:
Typische Überzeugungen, die mit dem Streben nach Macht verbunden sind, sind „Ich bin nicht genug" oder „Ich kann niemandem vertrauen". Diese Überzeugungen können dazu führen, dass wir uns in unseren Beziehungen und Interaktionen mit anderen Menschen zurückhalten oder uns anderen Menschen gegenüber abweisend verhalten. Wir projizieren in unsere Mitmenschen eine potenzielle Überlegenheit, der wir mit Rebellion begegnen.

Um unser Schattenkind zu schützen, können wir uns in eine überlegene und unabhängige Position bringen und die Situation kontrollieren. Dazu gibt es zwei Strategien:

- aktiven und
- passiven Widerstand.

Beim aktiven Widerstand streiten wir viel und beharren auf unser Recht, beim passiven Widerstand verweigern wir uns indirekt durch kleinere und größere Sabotageakte. Um Ihr Machtstreben zu überwinden und Ihrem inneren Kind zu helfen, können Sie sich auf Erste Hilfe konzentrieren. Sie müssen erkennen, dass die Welt da draußen nicht so schlecht ist, wie Sie denken. Sie können sich selbst und anderen mehr vertrauen und ihnen mit Wohlwollen und Einfühlungsvermögen begegnen. Sie sollten sich erlauben, verletzlich zu sein und Ihre Bedürfnisse zu äußern, anstatt sich hinter einer Fassade von Macht und Kontrolle zu verstecken. Es kann auch hilfreich sein, sich auf die Ursprünge Ihres Machtbedürfnisses zu konzentrieren und zu verstehen, woher es kommt. Indem Sie sich bewusst machen, welche Erfahrungen Ihr inneres Kind gemacht hat, die zu Ihrem Machtstreben geführt haben, können Sie diese Erfahrungen verarbeiten und loslassen. Dann können Sie sich darauf konzentrieren, eine gesunde und liebevolle Beziehung zu Ihrem inneren Kind aufzubauen, um es zu unterstützen und zu heilen. Es ist vorteilhaft, zu verstehen, dass Machtstreben nicht immer offensichtlich ist und sich auf verschiedene

Weise manifestieren kann. Es kann sich in unseren Beziehungen, in unserer Arbeit und in unserem täglichen Leben zeigen. Wenn Sie sich bewusstwerden, wie es Ihr Leben beeinflusst, können Sie Schritte unternehmen, um Ihr inneres Kind zu unterstützen und Ihr Verhalten zu ändern. Sie können sich zum Beispiel darauf konzentrieren, in Ihren Beziehungen gesunde Grenzen zu setzen und sich auf eine positive Kommunikation zu fokussieren. Sie können sich auch darauf konzentrieren, Ihren inneren Dialog zu verändern und sich selbst mit mehr Liebe und Akzeptanz zu behandeln. Abschließend kann gesagt werden, dass das Streben nach Macht ein häufiges Thema ist, das unser inneres Kind beeinflussen kann. Es ist wesentlich, dass wir uns dessen bewusstwerden und Schritte unternehmen, um unser inneres Kind zu unterstützen und unser Verhalten zu ändern. Indem wir uns auf Erste Hilfe konzentrieren, uns selbst mehr vertrauen und uns auf positive Kommunikation und gesunde Grenzen fokussieren, können wir unser inneres Kind heilen und eine liebevolle Beziehung zu uns selbst und anderen aufbauen.

KOMPENSATION & SYMPTOMBEKÄMPFUNG

Die Kompensations- und Symptombekämpfungsstrategie unseres inneren Kindes bezieht sich auf einen Vorgang, bei dem wir versuchen, unerfüllte Bedürfnisse oder ungelöste Probleme aus unserer Kindheit durch Kompensation oder Symptombekämpfung zu bewältigen. Diese Strategie kann in verschiedenen Formen auftreten, wie z. B. als Überkompensieren von Schwächen, als Vermeiden von emotionalen Schmerzen durch Verhaltensweisen wie Sucht oder Zwangshandlungen oder als Fokussierung auf äußerliche Symptome, um innere Probleme zu ignorieren. Obwohl diese Strategie kurzfristig helfen kann, um uns vor Schmerz oder Unbehagen zu schützen, kann sie langfristig zu Problemen führen, wie z. B. einem Verlust der Selbstwahrnehmung, der Verzerrung von Realitäten oder der Verschlimmerung von psychischen Problemen. Es ist wichtig, diese Kompensations- und Symptombekämpfungsstrategien zu erkennen und zu verstehen, um in der Lage zu sein, sie zu überwinden und ein gesünderes und erfüllteres Leben zu führen.

Definition: Kompensation & Symptombekämpfung
Die Kompensations- und Symptombekämpfungsstrategie unseres inneren Kindes bezieht sich darauf, unerfüllte Bedürfnisse oder ungelöste Probleme aus der Kindheit durch Kompensation oder Symptombekämpfung zu bewältigen.

Beispiel:
Eine der häufigsten Formen der Kompensation für unser inneres Kind ist der Konsum von BTM (Betäubungsmitteln), Alkohol oder anderen Suchtmitteln. Wir greifen zu diesen Substanzen, um unsere Emotionen vorübergehend zu betäuben und uns vor negativen Gefühlen zu schützen. Dies kann vor allem dann der Fall sein, wenn wir Stress, Angst oder Trauer erleben und nicht wissen, wie wir damit umgehen sollen. Indem wir uns betäuben, vermeiden wir vorübergehend die unangenehmen Gefühle, die mit diesen Emotionen einhergehen, aber gleichzeitig verstärken wir das Leiden unseres inneren Kindes.

Ein anderer Weg, auf dem unser inneres Kind versucht, uns zu helfen, ist Vermeidungsverhalten. Wir vermeiden bestimmte Situationen oder Menschen, die uns an unsere traumatischen Erfahrungen oder ungelösten emotionalen Probleme erinnern könnten. Wir können uns auch in Arbeit, Fernsehen oder anderen Aktivitäten verlieren, um uns vor unseren Gefühlen und tiefsten Ängsten zu schützen. Auf den ersten Blick scheint dies eine hilfreiche Lösung zu sein, um das Leiden unseres inneren Kindes zu lindern. In Wirklichkeit verstärken wir jedoch das Problem und verhindern, dass wir uns unseren Gefühlen stellen und sie heilen können. Symptombekämpfung ist eine weitere Form der Kompensation für unser inneres Kind. Wir können uns auf körperliche Symptome konzentrieren, um uns von unseren emotionalen Problemen abzulenken.

Dies kann in Form von Essstörungen, Schlafstörungen oder chronischen Schmerzen geschehen. Auch hier versuchen wir, uns von unangenehmen Gefühlen abzulenken, indem wir uns auf körperliche Symptome konzentrieren. Doch indem wir nicht an die Wurzel des Problems gehen, verschlimmern wir unsere Probleme und leiden weiter. Erkennen Sie sich selbst in den oben genannten Kompensations- und Symptombekämpfungsmechanismen wieder? Dann sind hier einige Schritte für Sie, die Sie unternehmen können, um Ihr inneres Kind zu unterstützen.

Anleitung zur Überwindung von Kompensations- und Symptombekämpfungsmechanismen:

- Erkennen Sie Ihr inneres Kind an: Indem Sie Ihr inneres Kind anerkennen, können Sie beginnen, sich mit Ihren emotionalen Bedürfnissen und traumatischen Erfahrungen auseinanderzusetzen. Sie können auch lernen, sich selbst zu akzeptieren und sich die Liebe und Fürsorge zu geben, dic Sie in Ihrer Kindheit vielleicht nicht bekommen haben.

- Lernen Sie, Ihre Gefühle zu regulieren: Anstatt zu versuchen, Ihre Gefühle zu vermeiden oder zu betäuben, lernen Sie, sie auf gesunde Weise zu regulieren. Dies kann durch Meditation, Atemübungen oder andere Entspannungstechniken geschehen, die Ihnen helfen, Ihre Emotionen zu akzeptieren und zu kontrollieren.

- Achten Sie auf Ihre Bedürfnisse: Indem Sie auf Ihre Bedürfnisse achten und für sich sorgen, zeigen Sie Ihrem inneren Kind, dass Sie ihm die Aufmerksamkeit und Liebe geben, die es braucht. Nehmen Sie sich Zeit für Selbstfürsorge und tun Sie Dinge, die Ihnen Freude bereiten, um Ihre emotionale Gesundheit zu fördern.

- Seien Sie geduldig: Die Heilung Ihres inneren Kindes ist ein Prozess, der Zeit und Geduld braucht. Es ist zu beachten, dass Sie sich nicht unter Druck setzen und akzeptieren, dass Heilung nicht über Nacht geschehen wird. Geben Sie sich Zeit und Raum, um Ihre Gefühle zu verarbeiten und Ihr inneres Kind zu heilen.

Ihr inneres Kind versucht, Ihnen auf verschiedene Weise zu helfen, aber oft führen die Kompensations- und Symptombekämpfungsmechanismen, die Sie wählen, zu weiterem Leiden. Wenn Sie sich jedoch darüber bewusstwerden und lernen, Ihr inneres Kind zu nähren und zu heilen, können Sie sich auf den Weg zu emotionaler Gesundheit und Heilung machen.

PERFEKTION

Der letzte Schutzmechanismus, auf den wir genauer eingehen werden, ist die Perfektionsstrategie. Die Perfektionsstrategie unseres inneren Kindes bezieht sich auf einen psychologischen Mechanismus, bei dem wir versuchen, Perfektion in allen Aspekten unseres Lebens zu erreichen, um unsere eigenen Bedürfnisse nach Liebe, Anerkennung und Wertschätzung zu erfüllen. Diese Strategie kann sich in verschiedenen Formen manifestieren, wie z. B. durch das Setzen unrealistischer Ziele, das Vermeiden von Risiken, das Aufrechterhalten von hohen Standards oder das Streben nach ständiger Selbstverbesserung. Obwohl diese Strategie kurzfristig helfen kann, um uns ein Gefühl von Kontrolle und Selbstwert zu geben, kann sie langfristig zu Problemen führen, wie z. B. einem Verlust von Kreativität, von zwischenmenschlichen Beziehungen oder von der Fähigkeit, das Leben in vollen Zügen zu genießen.

Definition: Perfektion
Die Perfektionsstrategie unseres inneren Kindes bezieht sich darauf, Perfektion in allen Aspekten unseres Lebens zu erreichen, um unsere Bedürfnisse nach Liebe, Anerkennung und Wertschätzung zu erfüllen.

Perfektionismus ist ein Thema, das viele Menschen betrifft. Perfektionisten haben oft hohe Ansprüche und hohe Erwartungen an sich selbst. Sie streben nach Exzellenz und setzen sich selbst unter Druck, um ihre Ziele zu erreichen. Es fällt Perfektionisten schwer, mit Fehlern umzugehen und sie zu akzeptieren. Sie neigen zu Selbstkritik und gehen hart mit sich ins Gericht.

Beispiel:
Der Glaubenssatz „Ich bin nicht gut genug" ist bei Perfektionisten häufig anzutreffen. Diese Menschen fühlen sich oft unsicher in ihrem Selbstwertgefühl, weil sie in ihrem Bedürfnis nach Anerkennung frustriert wurden. Sie glauben, dass sie nur dann gut genug sind, wenn sie perfekt sind. Dieser Glaube kann dazu führen, dass Perfektionisten nie zufrieden oder glücklich sind, da sie immer das Gefühl haben, noch besser sein zu können. Fehler machen sie angreifbar und müssen vermieden werden, da sie befürchten, dass ihre Fehler ihre Leistung beeinträchtigen könnten.

Das Schattenkind ist ein Teil des inneren Kindes, der von Perfektionisten oft verdrängt oder unterdrückt wird. Es ist der Teil, der verletzlich und unsicher ist und Schutz sucht. Perfektionisten versuchen oft, das Schattenkind zu schützen, indem sie keine Angriffsfläche für Kritik bieten. Sie setzen sich selbst unter Druck, perfekt zu sein, um Kritik zu vermeiden und Anerkennung zu erhalten. Diese Strategie kann jedoch dazu führen, dass das Schattenkind unterdrückt wird und nicht genügend Raum hat, seine Bedürfnisse zu äußern.

Anleitung zur Überwindung von Perfektionsmechanismen:

- Erkennen Sie, dass Fehler normal und menschlich sind: Reflektieren Sie Ihre Einstellung zu Fehlern und akzeptieren Sie, dass jeder Mensch Fehler macht. Erkennen Sie, dass Fehler eine Chance bieten, um zu wachsen und besser zu werden.

- Überprüfen Sie Ihre Erwartungen an sich selbst und passen Sie sie gegebenenfalls an: Reflektieren Sie Ihre Erwartungen an sich selbst und stellen Sie sicher, dass sie realistisch sind. Setzen Sie sich realistische Ziele und Maßstäbe und feiern Sie Ihre Erfolge.

- Erlauben Sie sich, nicht perfekt zu sein und Fehler zu machen: Erkennen Sie, dass Perfektionismus ein unerreichbares Ideal ist. Erlauben Sie sich, Fehler zu machen, und akzeptieren Sie sich selbst mit Ihren Schwächen und Fehlern.

- Suchen Sie Unterstützung und Hilfe von anderen: Erkennen Sie, dass es in Ordnung ist, um Hilfe zu bitten, und dass wir alle Unterstützung brauchen. Sprechen Sie mit anderen über Ihre Erfahrungen und Herausforderungen, um zu erkennen, dass Sie nicht allein sind.

- Setzen Sie diese Strategien in die Praxis um: Reflektieren Sie regelmäßig Ihre Einstellungen und Erwartungen an sich selbst. Erlauben Sie sich, Fehler zu machen, und wachsen Sie über sich selbst hinaus. Suchen Sie Unterstützung und Hilfe von anderen, wenn Sie sie brauchen.

Letztlich geht es darum, sich selbst mit seinen Schwächen und Fehlern anzunehmen und zu lieben. Das Schattenkind braucht Raum und Aufmerksamkeit, um gehört und angenommen zu werden. Indem Sie Fehler zulassen und sich selbst Mitgefühl und Akzeptanz schenken, können Sie Ihr inneres Kind heilen und sich von der Last des Perfektionismus befreien. Sie können lernen, sich selbst zu feiern und sich als wertvoll und liebenswert anzuerkennen, so wie Sie sind.

Das Workbook

BONUS

QR-Code oder Link zu allen geführten Meditationen zum Anhören

https://bit.ly/3q6sBd6

DIE HEILUNG MEINES INNEREN KINDES

Sind Sie bereit, sich auf den Weg zu machen, Ihr inneres Kind zu heilen und sich von alten emotionalen Lasten zu befreien? Das Workbook ist in drei Teile gegliedert, die Sie auf eine Reise zu sich selbst führen. Im ersten Teil geht es um eine Bestandsaufnahme und die bewusste Auseinandersetzung mit den eigenen Gefühlen und Erfahrungen. Mit kreativen Übungen und Methoden lernen Sie, Ihre Gedanken und Gefühle zu strukturieren und zu reflektieren.

Der Schwerpunkt im zweiten Teil liegt darauf, Ihr inneres Kind zu stärken und sich als Erwachsener weiterzuentwickeln. Sie lernen, sich selbst zu trösten und zu stärken, um emotionale Blockaden zu lösen und sich von alten Mustern zu befreien.

Im dritten Teil lernen Sie, Ihr geheiltes inneres Kind ins Leben zu holen und Ihre neu gewonnene Kraft und Ihr neues Selbstbewusstsein in den Alltag zu integrieren. Sie lernen, wie Sie Ihr inneres Kind unterstützen und sich selbst lieben können, um ein erfülltes und glückliches Leben zu führen.

Das Workbook „Die Heilung meines inneren Kindes“ ist eine wertvolle Ressource für alle, die sich auf den Weg zu sich selbst machen wollen. Mit kreativen Übungen und praktischen Anleitungen werden Sie ermutigt, sich Ihrem inneren Kind zu stellen und sich von alten emotionalen Lasten zu befreien. Ein neues Leben voller Selbstliebe, Selbstvertrauen und innerer Stärke erwartet Sie am Ende dieser Reise.

TEIL 1: BESTANDSAUFNAHME

Im ersten Teil des Workbooks, der Bestandsaufnahme, werden Sie sich mit der Vergangenheit auseinandersetzen und sich bewusst machen, welche Erfahrungen und Ereignisse aus Ihrer Kindheit Sie bis heute beeinflussen.

Die Konfrontation mit dem inneren Kind ist ein wichtiger Schritt auf dem Weg zu einem erfüllten Leben. Denn oft sind es unbewusste Verhaltensmuster und Glaubenssätze, die Sie daran hindern, Ihr volles Potenzial zu entfalten. Indem Sie sich mit Ihrem inneren Kind beschäftigen und ihm die Aufmerksamkeit schenken, die es braucht, können Sie diese Muster und Glaubenssätze erkennen und auflösen.

Im ersten Teil werden Sie sich daher Zeit nehmen, um sich bewusst zu machen, was in Ihrer Kindheit passiert ist und wie es Sie beeinflusst hat. Sie werden sich mit Ihren Erinnerungen und Emotionen auseinandersetzen und sie auf eine neue Art und Weise betrachten. So können Sie alte Verletzungen heilen und Ihren inneren Frieden finden.

Was sind meine negativen Glaubenssätze?

Es gibt viele Faktoren, die Ihr Leben beeinflussen und Sie daran hindern können, Ihr volles Potenzial zu entfalten. Einer dieser Faktoren sind negative Glaubenssätze, die oft aus prägenden Erfahrungen und Ereignissen aus Ihrer Kindheit entstanden sind. Diese Glaubenssätze sind so tief in Ihrem Unterbewusstsein verankert, dass Sie oft gar nicht merken, wie sie Ihr Denken, Fühlen und Handeln beeinflussen.

Daher sollten Sie sich bewusst mit diesen Glaubenssätzen auseinandersetzen und sie auflösen, um ein erfülltes und glückliches Leben zu führen. Denn sie können Sie daran hindern, Ihre Ziele zu erreichen, Ihre Beziehungen zu verbessern und sich selbst zu akzeptieren und zu lieben.

Die Visualisierungsübung „Was sind meine negativen Glaubenssätze?" hilft Ihnen, sich bewusst zu machen, welche negativen Überzeugungen Sie beeinflussen und wie Sie diese auflösen können. Indem Sie sich mit Ihren prägenden Erfahrungen und Emotionen auseinandersetzen und sie auf eine neue Art und Weise betrachten, können Sie alte Verletzungen heilen und Ihren inneren Frieden finden. Diese Übung kann Ihnen dabei helfen, sich selbst besser kennenzulernen und Ihre Gedanken und Überzeugungen positiv zu beeinflussen.

Für die Visualisierungsübung „Was sind meine negativen Glaubenssätze?" können Sie folgende Schritte befolgen:

• Lernen Sie, zur Ruhe zu kommen: Finden Sie einen ruhigen Ort, an dem Sie ungestört sind, und setzen Sie sich bequem hin. Schließen Sie Ihre Augen und atmen Sie einige Male tief ein und aus, um sich zu entspannen.

• Rufen Sie sich nun ein Ereignis aus Ihrer Kindheit ins Gedächtnis, bei dem Sie sich unwohl oder verletzt gefühlt haben. Lassen Sie dieses Ereignis vor Ihrem inneren Auge entstehen und spüren Sie die Emotionen, die damit verbunden sind.

• Fragen Sie sich nun, welche negativen Glaubenssätze aus diesem Ereignis entstanden sein könnten. Welche Gedanken oder Überzeugungen haben sich daraus entwickelt?
Zum Beispiel: „Ich bin nicht gut genug", „Ich bin nicht liebenswert", „Ich werde immer versagen", „Ich kann niemandem vertrauen" etc.

• Stellen Sie sich nun vor, wie dieser negative Glaubenssatz als dunkler, schwerer Stein vor Ihnen liegt. Spüren Sie das Gewicht dieses Steins und betrachten Sie ihn aus verschiedenen Perspektiven.

• Stellen Sie sich nun vor, wie Sie diesen Stein nehmen und ihn in ein Wasser fallen lassen. Beobachten Sie, wie er langsam untergeht und im Wasser verschwindet. Gleichzeitig lassen Sie auch den negativen Glaubenssatz los und spüren, wie er sich auflöst.

- Atmen Sie tief ein und aus und fühlen Sie, wie sich Ihr Körper und Ihr Geist leichter und freier anfühlen. Spüren Sie die Erleichterung, die sich breitmacht.
- Wiederholen Sie diesen Prozess für weitere Ereignisse aus Ihrer Kindheit, bei denen negative Glaubenssätze entstanden sein könnten.
- Zum Abschluss nehmen Sie sich einen Moment Zeit, um sich bewusst zu machen, dass Sie diese negativen Glaubenssätze nicht mehr brauchen und dass Sie die Kraft haben, sie loszulassen. Öffnen Sie Ihre Augen und kehren Sie langsam zurück in den Alltag.

Welche Bewältigungsstrategien habe ich entwickelt?

Nachdem Sie sich bewusst gemacht haben, welche negativen Überzeugungen Sie beeinflussen und wie Sie diese auflösen können, geht es nun darum, herauszufinden, welche Bewältigungsstrategien Sie entwickelt haben.

Zur Erinnerung: Bewältigungsstrategien, auch Coping-Strategien genannt, sind Verhaltensweisen, Denkmuster oder Emotionsregulations-Techniken, die von uns eingesetzt werden, um mit belastenden oder stressigen Situationen umzugehen und sie zu bewältigen.

Bewältigungsstrategien können entweder problemorientiert oder emotionsorientiert sein. Problembezogene Bewältigungsstrategien sind darauf ausgerichtet, das Problem aktiv anzugehen und eine Lösung zu finden, während emotionsbezogene Bewältigungsstrategien darauf abzielen, die emotionalen Auswirkungen der Situation zu reduzieren oder zu vermeiden.

Bewältigungsstrategien haben wir in unserem Leben entwickelt, um mit den Herausforderungen umzugehen, die uns begegnet sind. Denn viele von uns haben im Laufe ihres Lebens Erfahrungen gemacht, die schwierig oder traumatisch waren. Diese Erfahrungen können uns emotional belasten und uns daran hindern, ein erfülltes Leben zu führen.

Doch oft entwickeln wir im Laufe der Zeit Bewältigungsstrategien, um mit diesen Herausforderungen umzugehen. Diese Strategien können uns dabei helfen, uns zu schützen, uns zu beruhigen oder uns zu motivieren. Sie können aber auch dazu führen, dass wir uns von unseren Emotionen abkapseln oder uns in schädliche Verhaltensmuster flüchten.

Um herauszufinden, welche Bewältigungsstrategien Sie entwickelt haben, kann die Übung „Think & Write" weiterhelfen. Für diese Übung benötigen Sie lediglich ein Blatt Papier und einen Stift.

Anleitung: „Welche Strategien habe ich entwickelt?":

- Setzen Sie sich an einen ruhigen, ungestörten Ort. Nehmen Sie sich Zeit für sich und schalten Sie alle Ablenkungen wie Handy oder Fernseher aus.
- Schließen Sie die Augen und denken Sie an die verschiedenen Herausforderungen, die Sie in Ihrem Leben gemeistert haben. Denken Sie darüber nach, wie Sie sich in diesen Situationen gefühlt haben und mit welchen Strategien Sie sie bewältigt haben.
- Öffnen Sie Ihre Augen und schreiben Sie die Herausforderungen auf, die Sie gemeistert haben. Machen Sie eine Liste, damit Sie später darauf zurückgreifen können.

Nehmen Sie sich dafür folgende Tabelle zur Unterstützung:

Welche Herausforderungen habe ich gemeistert?
„Ich habe ein wichtiges Projekt auf der Arbeit abgeschlossen"
…

• Gehen Sie jede Herausforderung auf Ihrer Liste durch und beschreiben Sie, wie Sie sich dabei gefühlt haben. Haben Sie sich gestresst, ängstlich oder unsicher gefühlt? Notieren Sie alle Gefühle, die Sie dabei empfunden haben.

Welche Herausforderungen habe ich gemeistert?	**Wie habe ich mich dabei gefühlt?**
„Ich habe ein wichtiges Projekt auf der Arbeit abgeschlossen“	„Ich habe mich dabei gestresst und unsicher gefühlt, als ich mit der schwierigen Arbeitsaufgabe konfrontiert wurde“
…	…

• Beschreiben Sie dann, welche Strategien Sie angewandt haben, um mit der jeweiligen Herausforderung umzugehen. Gab es bestimmte Dinge, die Sie getan haben, um sich zu beruhigen oder Ihre Gedanken zu ordnen? Welche konkreten Schritte haben Sie unternommen, um die Situation zu bewältigen?

Welche Herausforderungen habe ich gemeistert?	**Wie habe ich mich dabei gefühlt?**	**Welche Strategie habe ich dabei angewandt?**
„Ich habe ein wichtiges Projekt auf der Arbeit abgeschlossen“	„Ich habe mich dabei gestresst und unsicher gefühlt, als ich mit der schwierigen Arbeitsaufgabe konfrontiert wurde“	„Ich habe eine Pause gemacht und tief durchgeatmet, um mich zu beruhigen und meine Gedanken zu ordnen“
…	…	…

• Überlegen Sie, ob es Muster in Ihren Bewältigungsstrategien gibt. Haben Sie zum Beispiel immer Sport getrieben, wenn Sie gestresst waren? Oder haben Sie immer mit Freunden oder der Familie gesprochen, wenn Sie sich überfordert fühlten?

Welche Herausforderungen habe ich gemeistert?	**Wie habe ich mich dabei gefühlt?**	**Welche Strategie habe ich dabei angewandt?**	**Gibt es Muster in meinen Bewältigungsstrategien?**
„Ich habe ein wichtiges Projekt auf der Arbeit abgeschlossen"	„Ich habe mich dabei gestresst und unsicher gefühlt, als ich mit der schwierigen Arbeitsaufgabe konfrontiert wurde"	„Ich habe eine Pause gemacht und tief durchgeatmet, um mich zu beruhigen und meine Gedanken zu ordnen"	„Ich habe in der Vergangenheit oft eine Pause eingelegt, tief durchgeatmet und mich an vergangene Erfolge erinnert, um meine stressige Arbeitsaufgabe zu bewältigen"
…	…	…	…

Wenn Sie diese Schritte befolgen, werden Sie in der Lage sein, Ihre Bewältigungsstrategien zu reflektieren und zu identifizieren, welche Strategien Ihnen geholfen haben, Herausforderungen zu meistern, und welche nicht. Dies kann Ihnen helfen, sich in zukünftigen schwierigen Situationen besser vorzubereiten und die richtigen Strategien anzuwenden, um Herausforderungen erfolgreich zu meistern.

Welcher Beziehungstyp bin ich?

In diesem Kapitel geht es darum, herauszufinden, zu welchem Beziehungstyp Sie gehören. Das ist wichtig, um zu verstehen, wie Sie sich in Beziehungen verhalten und welche Muster sich wiederholen.

Zur Erinnerung: Es gibt vier grundlegende Beziehungstypen: den ängstlichen, den vermeidenden, den sicheren und den unsicheren Beziehungstyp.

- Der ängstliche Beziehungstyp neigt dazu, schnell verletzlich und emotional abhängig von anderen zu werden. Er hat oft Angst, verlassen zu werden, und klammert sich deshalb an seine Partner.
- Der vermeidende Beziehungstyp hingegen neigt dazu, emotional distanziert zu sein und sich nicht auf tiefe emotionale Bindungen einzulassen. Er hat oft Angst, sich verletzlich zu zeigen, und bevorzugt unverbindliche Beziehungen.
- Der sichere Beziehungstyp hingegen ist offen für tiefe emotionale Bindungen und hat eine gesunde Balance zwischen Nähe und Distanz. Er hat oft ein starkes Selbstwertgefühl und ist nicht auf die Bestätigung anderer angewiesen.
- Der unsichere Beziehungstyp hingegen wechselt zwischen ängstlichem und vermeidendem Verhalten. Er hat oft Schwierigkeiten, Vertrauen aufzubauen, und hat Angst, verlassen zu werden, gleichzeitig aber auch Angst, sich auf eine tiefe Bindung einzulassen.

Um herauszufinden, zu welchem Beziehungstyp Sie gehören, können Sie eine ehrliche Bestandsaufnahme Ihrer bisherigen Beziehungen machen. Welche Muster haben sich wiederholt? Wann haben Sie sich besonders wohl gefühlt und wann nicht?

- Schreiben Sie auf, welche Bewältigungsstrategien Sie am häufigsten angewendet haben. Überlegen Sie auch, ob es Strategien gibt, die Sie häufiger anwenden könnten, um Ihre Herausforderungen noch besser zu bewältigen.
- Mit Hilfe des folgenden Tests können Sie herausfinden, zu welchem Beziehungstyp Sie gehören. Kreuzen Sie dazu bei den folgenden fünf Fragen die Antworten an, die am ehesten auf Sie zutreffen:

1. Wie reagieren Sie auf Konflikte in Beziehungen?

A. Sie fühlen sich schnell überwältigt und ängstlich, wenn es Konflikte gibt.

B. Sie meiden Konflikte und versuchen, sie zu vermeiden.

C. Sie sind bereit, Konflikte direkt anzusprechen und zu lösen.

D. Sie reagieren unterschiedlich, je nach Situation.

2. Wie viel Zeit benötigen Sie, um sich in einer Beziehung zu öffnen?

A. Sie sind schnell bereit, sich emotional zu öffnen, und zeigen schnell Verletzlichkeit.

B. Sie benötigen viel Zeit, um sich zu öffnen, und sind eher zurückhaltend.

C. Sie sind bereit, sich schnell zu öffnen, aber nur, wenn Sie das Gefühl haben, dass es sicher ist.

D. Sie reagieren unterschiedlich, je nachdem, wer Ihr Partner ist.

3. Wie wichtig ist es Ihnen, dass Sie in einer Beziehung immer bestätigt werden?

A. Sehr wichtig. Sie benötigen häufig Bestätigung von Ihrem Partner.

B. Sie benötigen keine Bestätigung von Ihrem Partner und vertrauen darauf, dass Sie selbst wissen, was gut für Sie ist.

C. Sie benötigen Bestätigung, aber nur gelegentlich.

D. Sie reagieren unterschiedlich, je nach Situation.

4. Wie gehen Sie mit Verlusten in Beziehungen um?

A. Sie haben große Angst vor Verlusten und klammern sich häufig an Ihre Partner.

B. Sie ziehen sich zurück und konzentrieren sich auf andere Dinge, wenn eine Beziehung endet.

C. Sie sind traurig, aber können schnell loslassen und sich neuen Beziehungen öffnen.

D. Sie reagieren unterschiedlich, je nach Situation.

5. Wie wichtig ist es Ihnen, in einer Beziehung unabhängig zu sein?

A. Sie fühlen sich unwohl, wenn Sie alleine sind, und klammern sich an Ihren Partner.

B. Sie bevorzugen es, unabhängig zu sein, und sind nicht auf eine Beziehung angewiesen.

C. Sie sind unabhängig, aber auch offen für eine gesunde Beziehung.

D. Sie reagieren unterschiedlich, je nach Situation.

Auswertung:
Je nachdem, welche Antwortoptionen Sie am häufigsten gewählt haben, können Sie einem bestimmten Beziehungstyp zugeordnet werden.

- Wenn Sie die meisten A-Antworten ausgewählt haben, deutet dies darauf hin, dass Sie wahrscheinlich dem ängstlichen Beziehungstyp angehören.
- Wenn Sie hingegen die meisten B-Antworten ausgewählt haben, gehören Sie wahrscheinlich dem vermeidenden Beziehungstyp an.
- Wenn Sie hauptsächlich C-Antworten gewählt haben, sind Sie wahrscheinlich dem sicheren Beziehungstyp zuzuordnen.
- Wenn Sie jedoch die meisten D-Antworten ausgewählt haben, deuten Sie wahrscheinlich auf einen unsicheren Beziehungstyp hin. Es ist jedoch zu beachten, dass dieser Test nicht zu 100 % genau ist.

Es ist also nicht so, dass man in Stein gemeißelt ist und sich im Laufe der Zeit nicht ändern kann. Wenn Sie beispielsweise feststellen, dass Sie zu den ängstlichen Beziehungstypen gehören, können Sie lernen, Vertrauen aufzubauen und sich nicht zu sehr an Ihren Partner zu klammern.

Was möchte mein inneres Kind nachholen?

Es kann wichtig sein, herauszufinden, was Ihr inneres Kind nachholen möchte, da dies eine Möglichkeit ist, sich mit den unerfüllten emotionalen Bedürfnissen aus Ihrer Kindheit auseinanderzusetzen und diese zu heilen. Ihr inneres Kind repräsentiert ungelöste emotionale Bedürfnisse und Traumata aus Ihrer Kindheit, die Ihr Verhalten und Ihre Emotionen bis heute beeinflussen können. Indem Sie herausfinden, was Ihr inneres Kind braucht, und ihm diese Bedürfnisse erfüllen, können Sie Ihre emotionalen Wunden heilen und sich von alten Mustern und Schmerzen befreien. Durch die Arbeit mit Ihrem inneren Kind können Sie auch Ihre Selbstakzeptanz und Selbstliebe stärken, indem Sie lernen, sich selbst mit Mitgefühl und Verständnis zu behandeln. Sie können lernen, Ihre eigenen Bedürfnisse besser zu verstehen und Grenzen zu setzen, um gesündere Beziehungen zu anderen Menschen aufzubauen.

Um herauszufinden, was Ihr inneres Kind nachholen möchte, ist die Auseinandersetzung mit Ihrem inneren Kind ein wichtiger Schritt auf dem Weg zu einem erfüllten Leben. In diesem Teil des Workbooks sollten Sie sich Zeit nehmen, um sich bewusst zu machen, was in Ihrer Kindheit passiert ist und wie es Sie beeinflusst hat. Sie sollten sich mit Ihren Erinnerungen und Emotionen auseinandersetzen und sie auf eine neue Art und Weise betrachten. So können Sie alte Verletzungen heilen und Ihren inneren Frieden finden. Folgende Schritte helfen Ihnen, herauszufinden, was Ihr inneres Kind nachholen möchte:

Schritt 1: Nehmen Sie sich Zeit, um sich an Ihre Kindheit zu erinnern

Setzen Sie sich an einen ruhigen Ort, an dem Sie sich wohl fühlen, und nehmen Sie sich Zeit, um sich an Ihre Kindheit zu erinnern. Denken Sie an die Menschen, die Sie begleitet haben, an die Orte, an denen Sie aufgewachsen sind, und an die Ereignisse, die Sie geprägt haben. Schreiben Sie Ihre Erinnerungen auf, damit Sie sie besser verarbeiten können.

Schritt 2: Erkennen Sie Ihre Gefühle

Achten Sie darauf, welche Gefühle aufkommen, wenn Sie an Ihre Kindheit denken. Sind es positive oder negative Gefühle? Sind Sie ängstlich, traurig oder wütend? Schreiben Sie auch diese Gefühle auf, um sie besser zu verstehen.

Schritt 3: Unerfüllte Bedürfnisse identifizieren

Fragen Sie sich, welche Bedürfnisse Sie als Kind nicht erfüllt bekommen haben. Haben Sie genügend Liebe, Aufmerksamkeit und Bestätigung bekommen? Gab es etwas, das Sie gerne gehabt hätten, aber nicht bekommen haben? Schreiben Sie diese Bedürfnisse auf.

Schritt 4: Überlegen Sie, wie Sie diese Bedürfnisse heute erfüllen können

Überlegen Sie nun, wie Sie diese unerfüllten Bedürfnisse heute erfüllen können. Was möchten Sie Ihrem inneren Kind zurückgeben? Wie können Sie sich heute die Liebe, Aufmerksamkeit und Bestätigung geben, die Sie als Kind nicht bekommen haben? Notieren Sie diese Gedanken und Ideen.

Schritt 5: Die Erkenntnisse in die Tat umsetzen

Überlegen Sie sich konkrete Schritte, die Sie unternehmen können, um Ihre Bedürfnisse zu erfüllen. Vielleicht möchten Sie sich öfter Zeit für sich selbst nehmen, sich etwas Gutes tun oder offener und ehrlicher zu anderen sein. Wichtig ist, dass Sie sich die Zeit nehmen, diese Schritte umzusetzen und Ihr inneres Kind zu heilen.

Die Konfrontation mit Ihrem inneren Kind kann ein langer Prozess sein, der Geduld und Selbstreflexion erfordert. Es kann hilfreich sein, die Unterstützung eines Therapeuten oder Coaches in Anspruch zu nehmen, der Sie auf diesem Weg begleitet und Ihnen hilft, mit Ihren Gefühlen und Erinnerungen umzugehen. Schenken Sie Ihrem inneren Kind die Aufmerksamkeit und Liebe, die es braucht, lassen Sie alte Wunden heilen und verbessern Sie Ihre Beziehungen zu anderen Menschen. Sie werden in der Lage sein, gesündere Verhaltensmuster zu entwickeln und ein erfüllteres Leben zu führen.

Denken Sie daran, dass es nie zu spät ist, sich dem inneren Kind zu stellen und es zu heilen. Sie haben die Kraft, positive Veränderungen in Ihrem Leben herbeizuführen und Ihre Vergangenheit hinter sich zu lassen. Machen Sie den ersten Schritt und nehmen Sie sich die Zeit, sich mit Ihrem inneren Kind zu beschäftigen.

TEIL 2: DIE STÄRKUNG DES INNEREN KINDES – AUF DEM WEG ZUM ERWACHSENWERDEN

Nachdem Sie sich im ersten Teil, der Bestandsaufnahme, intensiv mit Ihrer Vergangenheit auseinandergesetzt haben und sich bewusst geworden sind, welche Erfahrungen und Ereignisse aus Ihrer Kindheit Sie bis heute beeinflussen, geht es nun darum, Ihr inneres Kind zu stärken und zu heilen.

Ihr inneres Kind repräsentiert Ihre emotionalen und kreativen Aspekte, Ihre natürliche Neugier und Ihr Bedürfnis nach Spiel und Spaß. Leider wird dieses innere Kind oft durch traumatische Erfahrungen in der Kindheit verletzt und zurückgewiesen. Diese Verletzungen können Sie bis ins Erwachsenenalter beeinflussen, Ihre Beziehungen und Ihr Leben beeinträchtigen und Sie daran hindern, Ihr volles Potenzial zu entfalten.

Für die Entwicklung zu einem selbstbewussten, emotional ausgeglichenen und authentischen Erwachsenen ist es von Bedeutung, das innere Kind zu stärken. Es hilft, sich selbst besser zu verstehen und Mitgefühl und Empathie für sich und seine Mitmenschen zu erlangen. Es kann Ihnen auch helfen, ungesunde Verhaltens- und Denkmuster zu erkennen und zu verändern, die aus der Kindheit stammen und das Erwachsenenleben beeinträchtigen können. Sie müssen lernen, mit Ihren vergangenen Erfahrungen umzugehen, Ihre Gefühle zu akzeptieren und sich selbst zu lieben. Nur so können Sie Ihre Vergangenheit loslassen und ein erfülltes Leben führen.

In diesem Teil werden Sie sich mit verschiedenen Methoden und Techniken beschäftigen, die Ihnen helfen, Ihr inneres Kind zu stärken und zu heilen. Sie werden durch praktische Visualisierungsübungen und

Übungen lernen, Ihr inneres Kind zu trösten. Sie werden zudem lernen, wie Sie Ihre Selbstwahrnehmung stärken können und wie Sie sich durch Selbstannahme auf den Weg zur Heilung Ihres inneren Kindes begeben können.

Das innere Kind trösten

Der erste Schritt zur Stärkung Ihres inneren Kindes auf dem Weg zum Erwachsenwerden besteht darin, zu lernen, wie Sie Ihr inneres Kind trösten können. Das innere Kind repräsentiert die emotionalen Bedürfnisse, die Sie als Kind hatten und die oft im Laufe der Zeit nicht erfüllt wurden. Diese unerfüllten Bedürfnisse können dazu führen, dass Sie als Erwachsener unangemessene Verhaltensmuster entwickeln, die Sie in Ihrem täglichen Leben beeinträchtigen können.

Deshalb ist es wichtig, zu lernen, wie man sein inneres Kind trösten kann. Dies gelingt Ihnen beispielsweise durch verschiedene Methoden, wie achtsames Atmen oder positive Affirmationen. Indem Sie Ihrem inneren Kind Trost schenken, können Sie sich mit Ihren emotionalen Bedürfnissen verbinden und sich erlauben, Ihre Gefühle auszudrücken und zu akzeptieren.

Indem Sie lernen, Ihr inneres Kind zu trösten, können Sie auch Ihre Selbstheilungskräfte stärken und Ihr Selbstwertgefühl verbessern. Wenn Sie sich erlauben, Ihre Bedürfnisse zu erkennen und sich selbst zu lieben, können Sie auch Ihre Beziehungen zu anderen verbessern, weil Sie sich in der Lage fühlen, sich auszudrücken und Grenzen zu setzen.

Generell ist es wichtig, zu lernen, das innere Kind zu trösten, um eine gesunde Beziehung zu sich selbst aufzubauen und eine stabile Basis für ein erfülltes Leben als Erwachsener zu schaffen. Das erfordert Arbeit und Geduld, aber der Nutzen lohnt sich.

Hinweis: Geführte Meditationen finden Sie als Audio-Dateien im Workbookteil unter ‚Bonus'.

Meditationen können helfen, Stress und Angst abzubauen und das innere Kind zu trösten. Es erfordert Geduld und Übung, aber mit der Zeit kann es ein mächtiges Werkzeug werden, um Sie mit Ihren emotionalen Bedürfnissen zu verbinden.

Sollten Atemübungen für Sie nicht der richtige Weg sein, können Sie ihr inneres Kind auch mit positiven Affirmationen trösten.

Anschließend finden Sie eine Anleitung für positive Affirmationen, damit Sie Ihr inneres Kind trösten können:

- Finden Sie einen ruhigen und bequemen Ort, an dem Sie ungestört sind und sich entspannen können.
- Schließen Sie die Augen und atmen Sie tief ein und aus, um sich zu entspannen. Stellen Sie sich Ihr inneres Kind in Ihrem Herzen vor, das Ihnen zuhört.
- Wählen Sie eine positive Affirmation, die zu Ihnen passt und Sie tröstet, zum Beispiel: „Ich liebe und akzeptiere mich so, wie ich bin“ oder „Ich bin sicher und alles wird gut."
- Wiederholen Sie die Affirmation laut oder leise, während Sie sich auf Ihr inneres Kind konzentrieren.
- Stellen Sie sich vor, dass Sie die Worte direkt an Ihr inneres Kind richten.
- Wiederholen Sie die Affirmation so oft, bis Sie spüren, dass Ihr inneres Kind getröstet ist und Sie sich sicher und geborgen fühlen.
- Atmen Sie tief ein und aus und öffnen Sie langsam die Augen, wenn Sie bereit sind, in den Raum zurückzukehren.

Diese Technik kann Ihnen helfen, Ihr inneres Kind zu trösten und ihm positive Energie zu geben. Affirmationen helfen Ihnen, sich selbst zu akzeptieren und sich daran zu erinnern, dass Sie liebenswert und wertvoll sind. Insgesamt ist es wichtig, das innere Kind zu trösten, um eine gesunde Beziehung zu sich selbst aufzubauen und eine stabile Basis für ein erfülltes Leben als Erwachsener zu schaffen. Wenn wir unser inneres Kind trösten, können wir uns mit unseren emotionalen Bedürfnissen verbinden und uns erlauben, unsere Gefühle auszudrücken und zu akzeptieren. Dadurch können wir unsere Selbstheilungskräfte stärken und unser Selbstwertgefühl verbessern, was sich auch positiv auf unsere Beziehungen zu anderen auswirkt, da wir uns in der Lage fühlen, uns auszudrücken und Grenzen zu setzen. Allerdings braucht es Geduld und Übung, um Techniken wie achtsames Atmen oder positive Affirmationen effektiv anwenden zu können.

„Ich bin erwachsen und entscheide selbst"

Eine wichtige Fähigkeit, die man als Erwachsener beherrschen sollte, ist die Fähigkeit, eigene Entscheidungen zu treffen und die Verantwortung für das eigene Leben zu übernehmen. Die Fähigkeit, im Erwachsenenalter eigene Entscheidungen zu treffen und Eigenverantwortung für das Leben zu übernehmen, ist sehr wichtig, denn sie ermöglicht es, unabhängig zu handeln und die Kontrolle über die eigenen Handlungen und deren Ergebnisse zu behalten. Wenn Sie in der Lage sind, Entscheidungen auf der Grundlage Ihrer eigenen Werte, Überzeugungen und Ziele zu treffen, werden Sie wahrscheinlich ein erfüllteres und zufriedeneres Leben führen. Darüber hinaus können Sie durch die Übernahme von Verantwortung für Ihr Leben Ihr Selbstwertgefühl und Ihre Selbstwirksamkeit steigern. Wenn Sie sich in der Lage sehen, schwierige Entscheidungen zu treffen und mit den Konsequenzen Ihrer Entscheidungen umzugehen, führt dies zu mehr Selbstbewusstsein und dazu, dass Sie Herausforderungen besser meistern. Im Folgenden schauen wir uns die Mantra-Methode an, die Ihnen helfen kann, diese Fähigkeiten zu entwickeln und Ihr inneres Kind zu stärken.

Definition: Mantra
Das Mantra ist eine uralte Methode aus dem Hinduismus und Buddhismus, die in vielen spirituellen Traditionen verwendet wird. Es ist ein wiederholter Satz oder eine Phrase, die man sich immer wieder vorsagt, um sein Unterbewusstsein zu programmieren und positive Veränderungen in seinem Leben herbeizuführen.

Das Mantra kann auf verschiedene Weise verwendet werden, aber hier ist eine einfache Anleitung, wie Sie es verwenden können, um Ihr inneres Kind zu stärken und Ihre Entscheidungsfähigkeit zu verbessern:

- Wählen Sie ein Mantra, das zu Ihnen und Ihren Bedürfnissen passt. Es könnte sein: „Ich bin erwachsen und entscheide selbst“, „Ich vertraue meinem inneren Kompass“ oder „Ich habe die Macht, mein Leben selbst zu gestalten.“
- Wiederholen Sie das Mantra regelmäßig, am besten täglich, mindestens aber mehrmals pro Woche. Sie können es laut aussprechen oder leise vor sich hin murmeln. Sie können es auch aufschreiben oder auf eine Karte schreiben, die Sie immer bei sich tragen.
- Konzentrieren Sie sich auf das Mantra und versuchen Sie, es mit positiven Gefühlen und Gedanken zu verbinden. Stellen Sie sich vor, wie Sie selbstbewusst und entschlossen Entscheidungen treffen und Ihr Leben in die Hand nehmen.
- Wenn Sie vor einer schwierigen Entscheidung stehen oder nicht wissen, was Sie tun sollen, wiederholen Sie das Mantra und verbinden es mit Ihrer Atmung. Atmen Sie tief ein und wiederholen Sie das Mantra beim Ausatmen. Dies wird Ihnen helfen, sich zu beruhigen und Klarheit zu gewinnen.
- Reflektieren Sie regelmäßig über Ihre Fortschritte und überprüfen Sie, ob das Mantra noch zu Ihnen passt. Sie können es jederzeit ändern oder anpassen, wenn es nicht mehr passt oder Sie etwas Neues brauchen.

Seien Sie geduldig mit sich selbst und erlauben Sie sich, Fehler zu machen und aus ihnen zu lernen. Sie sind auf dem Weg zum Erwachsenwerden und werden dabei Ihr inneres Kind stärken. Schließlich ist auch die Fähigkeit, Entscheidungen zu treffen und Verantwortung für das eigene Leben zu übernehmen, von entscheidender Bedeutung für die persönliche und berufliche Entwicklung. Wenn Sie sich aktiv mit den Entscheidungen, die Sie treffen, auseinandersetzen und die Verantwortung dafür übernehmen, können Sie wertvolle Lernerfahrungen sammeln und sich weiterentwickeln.

Meine Selbstwahrnehmung stärken

Zur Verbesserung Ihrer Selbstwahrnehmung müssen Sie sich selbst besser verstehen. Dies hilft Ihnen dabei, Ihre Handlungen und Entscheidungen zu reflektieren und Ihr Selbstvertrauen zu stärken.

Eine verbesserte Selbstwahrnehmung führt zu einem besseren Verständnis Ihrer selbst, wodurch Sie Ihre Stärken und Schwächen besser erkennen und verstehen können. Sie werden sich auch Ihrer Werte, Überzeugungen und Prioritäten bewusster, was es Ihnen erleichtert, Entscheidungen zu treffen, die zu Ihnen passen.

Eine bessere Selbstwahrnehmung kann auch zu mehr Selbstvertrauen führen. Wer seine Stärken und Schwächen kennt, kann sich besser auf seine Stärken konzentrieren und seine Schwächen gezielt angehen. Sie lernen, sich selbst zu akzeptieren und wertzuschätzen. Sie können sich selbst annehmen, ohne sich ständig mit anderen vergleichen zu müssen, was zu einem positiveren Selbstbild führt.

Außerdem kann es zu besseren zwischenmenschlichen Beziehungen führen, wenn Sie sich Ihrer selbst bewusster werden. Wenn Sie sich selbst besser verstehen, können Sie auch besser auf die Bedürfnisse und Gefühle anderer eingehen und einfühlsamer sein.

Eine bessere Selbstwahrnehmung führt dabei zu mehr beruflichem Erfolg. Wenn Sie sich Ihrer Stärken und Schwächen bewusst sind, können Sie sich auf die Bereiche konzentrieren, in denen Sie gut sind, und die Schwächen gezielt verbessern.

Setzen Sie sich bewusst mit Ihren Gedanken, Gefühlen und Handlungen auseinander, um Ihre Selbstwahrnehmung zu stärken. Hierzu reflektieren Sie diese. Gehen Sie dazu folgendermaßen vor:

Schritt 1: Stärken und Schwächen erkennen

Erstellen Sie eine Liste Ihrer Stärken und Schwächen. Verwenden Sie dazu z. B. die Fragen „Was kann ich besonders gut?“ und „Wo habe ich noch Entwicklungspotenzial?“.

Das sind meine Stärken:	Hieran kann ich noch arbeiten:
Ich kann besonders gut anderen Menschen zuhören	Mich an neue Situationen gewöhnen
Ich kann mich gut in andere Personen hineinversetzen	...
....	

Schritt 2: Gefühle und Gedanken erkennen

Führen Sie ein Tagebuch über Ihre Gefühle und Gedanken. Schreiben Sie jeden Tag auf, was Sie empfinden und was Sie denken.

Reflektieren Sie Ihre Einträge, indem Sie sich folgende Fragen stellen:

- Was hat mich heute besonders gefreut?
- Was hat mich heute belastet oder gestresst?
- Wie kann ich in Zukunft mit ähnlichen Situationen umgehen?

Schritt 3: Erkennen Sie Ihre Handlungen und Verhaltensmuster

Reflektieren Sie Ihre Handlungen und Verhaltensmuster, indem Sie sich folgende Fragen stellen:

- Welche typischen Verhaltensmuster zeige ich in bestimmten Situationen?
- Wie kann ich meine Reaktionen in bestimmten Situationen verbessern?
- Wie kann ich aktiv auf meine Ziele hinarbeiten?

Schritt 4: Beziehungen reflektieren

Reflektieren Sie Ihre Beziehungen, indem Sie sich folgende Fragen stellen:

- Wie beeinflussen meine Beziehungen meine Stimmung und mein Wohlbefinden?
- Welche Beziehungen sind für mich wichtig und welche nicht?
- Wie kann ich meine Beziehungen verbessern?

Durch diese Reflexionsübungen können Sie sich bewusst mit sich selbst auseinandersetzen und Ihre Selbstwahrnehmung stärken. Durch regelmäßiges Reflektieren lernen Sie sich besser kennen und erfahren, wie Sie auf verschiedene Situationen reagieren. Dies kann Ihnen helfen, Ihre Stärken zu nutzen und an Ihren Schwächen zu arbeiten.

Sich selbst ertappen und den Modus umschalten

Es ist von großer Bedeutung, dass Sie Ihre eigenen Interpretationen und Annahmen über Situationen erkennen und mit der Realität vergleichen. Dies liegt daran, dass Ihre Sichtweise möglicherweise ungenau oder fehlerhaft ist und zu einer Fehlkommunikation oder negativen Empfindungen führen kann. Es fällt Ihnen oft schwer, eine Situation objektiv zu betrachten, da Sie von Ihren Emotionen und dem Verhalten anderer beteiligter Personen beeinflusst werden und somit die Situation subjektiv interpretieren.

Der folgende Leitfaden kann Ihnen helfen, Ihre eigenen Interpretationen und Annahmen über Situationen mit anderen zu erkennen und zu überprüfen:

Schritt 1: Kritische Situationen erkennen

Überlegen Sie, welche Situationen Ihnen in der Vergangenheit Probleme bereitet oder unangenehme Gefühle hervorgerufen haben. Schreiben Sie zwei oder drei dieser Situationen auf. Das können Situationen sein, in denen Sie mit Freunden, Familienmitgliedern, Kollegen oder auch Fremden zu tun hatten.

Schritt 2: Interpretationen aufschreiben

Schreiben Sie nun auf, wie Sie diese Situationen interpretiert haben. Was haben Sie gedacht oder gefühlt? Welche Annahmen haben Sie über die Person(en) gemacht, mit der/denen Sie zu tun hatten? Welche Schlüsse haben Sie gezogen?

Schritt 3: Beweise für Ihre Annahmen finden

Nun geht es darum, zu überprüfen, ob Ihre Interpretationen und Annahmen tatsächlich der Realität entsprechen. Überlegen Sie, welche Belege es für Ihre Annahmen gibt. Können Sie Ihre Hypothesen beweisen oder widerlegen? Wenn Sie sich nicht sicher sind, welche Beweise es gibt, fragen Sie die Person(en), die Ihnen ihre Sicht der Dinge schildert (schildern).

Schritt 4: Überprüfen der Interpretationen

Nun ist es an der Zeit, Ihre Interpretationen zu überprüfen. Fragen Sie sich, ob sie tatsächlich der Realität entsprechen oder ob sie von Ihren eigenen Überzeugungen und Annahmen beeinflusst sind. Überlegen Sie, ob es andere Interpretationen gibt, die ebenso plausibel sind.

Für eine bessere visuelle Verdeutlichung empfiehlt es sich, eine Liste zu erstellen, in der Sie Punkt 2 und Punkt 4 direkt miteinander vergleichen können. Schreiben Sie zunächst Ihre Annahme über die Situation auf und stellen Sie dann die Realität dieser Situation gegenüber. Auf diese Weise erhalten Sie eine klarere Vorstellung davon, wie Ihre Annahmen mit der tatsächlichen Realität übereinstimmen oder nicht.

Meine Annahme	Realität
• Mein Chef redet auf der Arbeit sehr wenig mit mir, ich glaube, er ignoriert mich, weil er mit meiner Leistung unzufrieden ist.	• Es findet keine Kommunikation statt. • Ich habe Zweifel in Bezug auf den Wert meiner Leistung auf der Arbeit.
• Meine Schwester schenkt mir nichts zum Geburtstag, weil ich ihr nicht wichtig bin und sie mich nicht schätzt.	• Ich habe kein Geschenk bekommen. • Ich verknüpfe meinen emotionalen Wert mit einer Leistung. • Ich interpretiere, dass meine Schwester unsere Beziehung über materielle Dinge ausdrückt.

Schritt 5: Reflektieren und lernen

Nachdem Sie Ihre Interpretationen überprüft haben, reflektieren Sie über die Situationen und darüber, was Sie daraus gelernt haben. Was haben Sie gelernt? Wie können Sie ähnliche Annahmen in Zukunft vermeiden? Welche Verhaltensweisen können Sie ändern, um besser mit anderen umzugehen?

Auf dem Weg zur Heilung: Selbstannahme

Selbstannahme, auch Selbstakzeptanz oder Selbstliebe genannt, ist ein wichtiger Faktor für psychisches Wohlbefinden und emotionale Gesundheit. Selbstakzeptanz bedeutet, sich so zu akzeptieren, wie man ist, ohne sich selbst zu verurteilen oder zu kritisieren. Dadurch erkennen Sie, dass Sie wertvoll sind, unabhängig von Ihren Fehlern oder Schwächen. Darüber hinaus trägt Selbstakzeptanz dazu bei, Stress und Angst abzubauen. Wenn Sie sich selbst akzeptieren, machen Sie sich weniger Sorgen darüber, was andere denken oder wie Sie von anderen wahrgenommen werden. Auf diese Weise fühlen Sie sich weniger gestresst oder ängstlich.

Sie haben auch bessere Beziehungen zu anderen, wenn Sie sich selbst akzeptieren. Sie sind weniger defensiv oder unsicher und können auf natürliche Weise auf andere zugehen, ohne Angst zu haben, verurteilt zu werden.

Der Weg zur Heilung durch Selbstannahme erfordert Zeit, Geduld und Selbstreflexion. Folgende Aspekte können Ihnen dabei helfen:

- Bewusstwerden: Der erste Schritt zur Heilung durch Selbstannahme ist, sich bewusst zu machen, dass Sie selbst für Ihr Wohlbefinden verantwortlich sind. Nehmen Sie sich Zeit, um sich zu fragen, welche Bereiche Ihres Lebens Sie verändern möchten und warum.
- Praktizieren Sie Achtsamkeit: Üben Sie Achtsamkeit, um sich bewusster zu werden, wie Sie auf verschiedene Situationen in Ihrem Leben reagieren. Konzentrieren Sie sich darauf, im gegenwärtigen Moment zu leben, ohne über die Vergangenheit oder die Zukunft nachzudenken.
- Vergebung üben: Vergebung ist ein wichtiger Bestandteil der Selbstakzeptanz. Vergeben Sie sich selbst und anderen für Fehler und Schwächen und konzentrieren Sie sich darauf, das Positive in jeder Situation zu sehen.

- Sich selbst annehmen: Akzeptieren Sie sich so, wie Sie sind, mit all Ihren Stärken und Schwächen. Erlauben Sie sich, unvollkommen zu sein und zu wachsen.
- Selbstfürsorge praktizieren: Nehmen Sie sich Zeit für sich selbst, um sich zu erholen und zu entspannen. Tun Sie Dinge, die Ihnen Spaß machen und Ihr Wohlbefinden steigern.

Eine bessere Selbstannahme führt langfristig zu einem positiveren Selbstbild. Darüber hinaus baut es Stress und Angst ab, verbessert Beziehungen und erleichtert das Fällen von Entscheidungen. Es ist daher wichtig, Selbstannahme zu lernen und zu praktizieren, um ein glücklicheres und erfüllteres Leben zu führen.

TEIL 3: DAS GEHEILTE INNERE KIND INS LEBEN HOLEN

Wenn Sie bis hierher gekommen sind, haben Sie bereits eine wichtige Reise hinter sich. In Teil 1 haben Sie Ihre Vergangenheit reflektiert und erkannt, wie Ihre Kindheitserfahrungen Ihr Denken, Fühlen und Verhalten bis heute beeinflussen. In Teil 2 haben Sie begonnen, Ihr inneres Kind zu stärken, indem Sie Ihre Bedürfnisse erkannt und gelernt haben, liebevoll mit sich selbst umzugehen.

In Teil 3 gehen wir einen Schritt weiter und bringen Ihr geheiltes inneres Kind ins Leben. Das bedeutet, dass Sie sich auf die Stärkung Ihrer positiven Überzeugungen und Ressourcen konzentrieren, um Ihre innere Stimme zu stärken und Ihnen zu helfen, ein erfüllteres Leben zu führen.

Sie werden sich darüber hinaus mit Ihren Kernwerten beschäftigen, also mit den Dingen, die Ihnen im Leben wirklich wichtig sind und die Sie antreiben. Wenn Sic Ihre Kernwerte kennen, können Sie Entscheidungen treffen, die Ihrem wahren Selbst entsprechen und Ihnen ein erfüllteres Leben ermöglichen. So können Sie eine klare Vorstellung davon bekommen, was Sie im Leben erreichen wollen und was Ihnen wirklich wichtig ist.

Ein weiterer wichtiger Schwerpunkt in diesem Teil ist die Vergebung. Hierbei geht es nicht nur um die eigene Vergebung, sondern auch um die Vergebung in Bezug auf andere. Indem Sie lernen, sich selbst und anderen zu vergeben, können Sie alte Wunden heilen und Ihre Energie für positive Veränderungen in Ihrem Leben nutzen.

Schließlich werden Sie sich damit beschäftigen, wie Sie Freude in Ihr Leben einladen können. Sie werden sich auf Aktivitäten und Menschen konzentrieren, die Ihnen Freude bereiten, um Ihre emotionale Gesundheit und Ihr Wohlbefinden zu verbessern.

Lassen Sie uns diesen Teil mit offenem Geist und offenem Herzen angehen. Auch wenn es manchmal schwierig sein mag, alte Wunden zu heilen und neue Wege zu gehen, wird es sich lohnen, Ihr geheiltes inneres Kind ins Leben zu rufen und ein erfülltes Leben zu führen.

Umkehrung der Glaubenssätze

Noch einmal zur Erinnerung: Positive Glaubenssätze sind wichtig, weil sie Ihr Denken und Verhalten beeinflussen können. Glaubenssätze sind tief verwurzelte Überzeugungen, die Sie über sich selbst, andere Menschen und die Welt um sich herum haben. Sie können entweder positiv oder negativ sein und haben eine große Auswirkung auf Ihre Einstellungen und Entscheidungen.

Wenn Sie positive Glaubenssätze haben, können Sie sich dabei helfen, Herausforderungen und Hindernisse zu überwinden und Ihr volles Potenzial auszuschöpfen. Positive Glaubenssätze können Ihnen auch helfen, mehr Selbstvertrauen und Selbstwertgefühl zu entwickeln und eine optimistischere und positivere Einstellung zum Leben zu haben.

Im Gegensatz dazu können negative Glaubenssätze Sie zurückhalten und Sie daran hindern, Ihre Ziele zu erreichen und Ihr Leben in vollen Zügen zu genießen. Sie können Sie davon abhalten, neue Chancen zu ergreifen und sich in destruktive Verhaltensmuster zu verwickeln.

Daher ist es wichtig, positive Glaubenssätze zu entwickeln oder negative Glaubenssätze in positive umzuwandeln, um Ihr mentales und emotionales Wohlbefinden zu fördern und Ihr Leben in die gewünschte Richtung zu lenken. Die Umkehrung negativer Glaubenssätze erfordert Zeit, Geduld und Ausdauer. Hier sind einige Schritte, die Ihnen helfen können, Ihre negativen Glaubenssätze umzukehren:

• Identifizieren Sie den negativen Glaubenssatz: Zunächst müssen Sie den negativen Glaubenssatz identifizieren, den Sie umkehren möchten. Ein praktisches Beispiel könnte sein: „Sie sind nicht gut genug."

Identifizierung des negativen Glaubenssatzes:
„Ich bin nicht genug"
...

• Beweisen Sie den Glaubenssatz: Schreiben Sie auf, warum Sie glauben, dass dieser Glaubenssatz wahr ist. Zum Beispiel: „Sie haben in der Vergangenheit versagt, deshalb glauben Sie, dass Sie nicht gut genug sind."

Identifizierung des negativen Glaubenssatzes:	**Wieso stimmt der negative Glaubenssatz?**
„Ich bin nicht genug"	„Ich habe in der Vergangenheit versagt, deshalb bin ich nicht gut genug"
...	...

• Widerlegen Sie den Glaubenssatz: Überlegen Sie, wie Sie den Glaubenssatz widerlegen können, zum Beispiel: „Sie haben in der Vergangenheit Fehler gemacht, aber das bedeutet nicht, dass Sie in Zukunft nicht erfolgreich sein können."

Identifizierung des negativen Glaubenssatzes:	**Wieso stimmt der negative Glaubenssatz?**	**Widerlegung des negativen Glaubenssatzes:**
„Ich bin nicht genug"	„Ich habe in der Vergangenheit versagt, deshalb bin ich nicht gut genug"	„Ich habe in der Vergangenheit Fehler gemacht, aber in der Zukunft kann ich trotzdem erfolgreich sein"
…	…	…

• Formulieren Sie einen neuen Glaubenssatz: Formulieren Sie einen neuen Glaubenssatz, der positiver und motivierender ist als der negative Glaubenssatz, zum Beispiel: „Sie können aus Ihren Fehlern lernen und wachsen, um in Zukunft erfolgreich zu sein."

Identifizierung des negativen Glaubenssatzes:	**Wieso stimmt der negative Glaubenssatz?**	**Widerlegung des negativen Glaubenssatzes:**	**Formulierung eines neuen, positiven Glaubenssatzes:**
„Ich bin nicht genug"	„Ich habe in der Vergangenheit versagt, deshalb bin ich nicht gut genug"	„Ich habe in der Vergangenheit Fehler gemacht, aber in der Zukunft kann ich trotzdem erfolgreich sein"	„Ich kann aus meinen Fehlern lernen und wachsen, um in Zukunft erfolgreich zu sein"
…	…	…	…

• Wiederholen Sie den neuen Glaubenssatz: Wiederholen Sie den neuen Glaubenssatz täglich, um ihn zu festigen. Schreiben Sie ihn auf einen Zettel und befestigen Sie ihn an einem Ort, an dem Sie ihn regelmäßig sehen, z. B. am Spiegel im Badezimmer oder an der Innenseite der Haustür.

Positive Glaubenssätze aus der Kindheit

Wie im vorherigen Abschnitt gezeigt, können Sie lernen, wie Sie negative Glaubenssätze in positive umwandeln können, um Ihr mentales und emotionales Wohlbefinden zu fördern und Ihr Leben in die gewünschte Richtung zu lenken. Es ist jedoch auch wichtig, dass Sie sich bewusst sind über die positiven Glaubenssätze, die Sie in Ihrer Kindheit entwickelt haben. Für manche Menschen kann es schwierig sein, sich an positive Dinge aus ihrer Kindheit zu erinnern. Dies könnte daran liegen, dass negative Ereignisse aufgrund ihrer emotionalen Intensität oft stärkere und länger anhaltende emotionale Reaktionen hervorrufen können als positive Ereignisse. Dadurch bleiben sie besser in unserem Gedächtnis verankert. Negative Ereignisse haben häufig das Potenzial, sich zu wiederholen, was unser Gehirn dazu veranlasst, sie besser zu speichern, damit wir in Zukunft besser darauf vorbereitet sind.

Wenn wir uns auf etwas konzentrieren, neigen wir dazu, uns eher an negative als an positive Dinge zu erinnern. Dies kann dazu führen, dass wir uns eher an negative Kindheitserlebnisse erinnern, wenn diese unsere Aufmerksamkeit besonders beansprucht haben. Es ist jedoch wichtig, zu beachten, dass diese Faktoren nicht bei allen Menschen gleich wirken. Manche Menschen können sich besser an positive als an negative Erfahrungen erinnern.

Um sich an positive Überzeugungen aus Ihrer Kindheit zu erinnern, können Sie die folgenden Schritte unternehmen:

- Denken Sie über Ihre Kindheit nach: Nehmen Sie sich Zeit, um über Ihre Kindheit nachzudenken. Welche Ereignisse oder Erfahrungen haben Sie gemacht, die Sie glücklich und positiv gestimmt haben?
- Positive Glaubenssätze identifizieren: Überlegen Sie, welche positiven Überzeugungen Sie als Kind hatten, zum Beispiel: „Ich bin liebenswert", „Ich kann alles erreichen", „Ich bin talentiert."
- Schreiben Sie sie auf: Notieren Sie die positiven Glaubenssätze, die Ihnen einfallen. Schreiben Sie sie auf ein Blatt Papier oder in ein Heft.
- Erinnern Sie sich an Momente, in denen Sie sie erlebt haben: Versuchen Sie, sich an Momente oder Situationen zu erinnern, in denen Sie diese positiven Glaubenssätze erlebt haben. Was ist passiert? Wie haben Sie sich gefühlt? Welche Gedanken hatten Sie?
- Heute anwenden: Überlegen Sie, wie Sie diese positiven Glaubenssätze heute anwenden können. Wie können sie Ihnen helfen, Ihr Leben zu verbessern oder Ihre Ziele zu erreichen? Schreiben Sie Ihre Gedanken auf.

Zur besseren Veranschaulichung der genannten Punkte können Sie die folgende Tabelle verwenden:

Reflexion: Welche positiven Erinnerungen aus meiner Kindheit fallen mir ein, die mit positiven Glaubenssätzen zusammenhängen?	
Identifikation: Welche Glaubenssätze hatte ich als Kind, die mich glücklich und positiv gestimmt haben?	
Schriftliche Festhaltung: Hier ist Platz zum Notieren dieser positiven Glaubenssätze.	
Erinnerung: Was sind einige konkrete Ereignisse, in denen ich diese positiven Glaubenssätze erlebt habe?	
Verwendung: Wie kann ich diese positiven Glaubenssätze heute in meinem Leben nutzen, um meine Ziele zu erreichen?	

Meine Stärken & Ressourcen

Für ein geheiltes inneres Kind müssen Sie sich Ihrer Stärken und Ressourcen bewusstwerden.

Dies hilft Ihnen, Ihre Ziele zu erreichen und ein erfülltes Leben zu führen. Wenn Sie Ihre Stärken und Ressourcen kennen, können Sie sich realistische Lernziele setzen und passende Methoden entwickeln, um diese Ziele zu erreichen. Wenn Sie Ihre Stärken und Ressourcen nutzen, können Sie auch Hindernisse überwinden und Erfolge erzielen. Sie haben mehr Vertrauen in Ihre Fähigkeiten und sind in der Position, sich herausfordernden Aufgaben zu stellen. Dies kann dazu beitragen, Ihr Selbstvertrauen und Ihr Selbstwertgefühl zu steigern.

Sie werden fähig sein, Ihre Zeit und Energie auf die Dinge zu konzentrieren, die Ihnen wichtig sind. Wenn Sie sich auf das konzentrieren, was Sie gut können und was Ihnen Spaß macht, können Sie auch Stress abbauen und Ihre psychische Gesundheit verbessern. Sie werden in der Lage sein, Ihre Leidenschaften zu verfolgen und Ihre Talente zu nutzen, was Ihnen ein Gefühl der Erfüllung geben kann.

Das Bewusstsein über die eigenen Stärken und Ressourcen kann sich positiv auf viele Lebensbereiche auswirken und zu einem erfüllteren und erfolgreicheren Leben beitragen. Werden Sie sich Ihrer Stärken bewusst, wirkt sich das generell positiv auf viele Bereiche Ihres Lebens aus.

Um sich der eigenen Stärken und Ressourcen bewusst zu werden, können Sie die folgenden Schritte ausprobieren:

- Reflektieren Sie vergangene Erfolge: Nehmen Sie sich Zeit, um über vergangene Erfolge und positive Erfahrungen nachzudenken. Welche Herausforderungen haben Sie bewältigt? Welche Fähigkeiten haben Sie eingesetzt?
- Feedback analysieren: Überlegen Sie, welches Feedback Sie in der Vergangenheit erhalten haben. Was haben andere über Ihre Stärken und Fähigkeiten gesagt?
- Identifizieren Sie Ihre Kompetenzen: Schreiben Sie alle Fähigkeiten und Stärken auf, die Ihnen einfallen. Denken Sie an Ihre Talente, Hobbys, Interessen und Erfahrungen.
- Identifizieren Sie Ihre Ressourcen: Machen Sie eine Liste der Ressourcen, die Ihnen zur Verfügung stehen, um Herausforderungen zu meistern. Das können materielle Dinge wie ein Computer oder immaterielle Ressourcen wie soziale Unterstützung sein.
- Kombinieren Sie Ihre Stärken und Ressourcen: Überlegen Sie, wie Sie Ihre Stärken und Ressourcen einsetzen können, um Ihre Ziele zu erreichen und Herausforderungen zu meistern. Schreiben Sie Ihre Gedanken auf.

So will ich sein: Meine Kernwerte

Im nächsten Schritt geht es darum, Ihre eigenen Kernwerte zu identifizieren und zu definieren. Die eigenen Kernwerte zu kennen, ist eine wichtige Grundlage für ein erfülltes und glückliches Leben. Einmal identifiziert, können diese Kernwerte als Orientierungspunkte dienen, um Entscheidungen zu treffen und das eigene Leben entsprechend auszurichten. Die Kernwerte können Ihnen auch helfen, Klarheit darüber zu gewinnen, welche Beziehungen und Aktivitäten im Leben wirklich wichtig sind und welche nicht. Kurz gesagt: Das Erkennen der eigenen Kernwerte kann dazu beitragen, die Persönlichkeit und das Leben zu stärken, indem man sich bewusster wird, wer man wirklich ist und was im Leben wirklich wichtig ist.

Für die Identifizierung Ihrer Kernwerte können Sie den nachfolgenden Schritten folgen:

- Kombinieren Sie Ihre Stärken und Ressourcen: Überlegen Sie, wie Sie Ihre Stärken und Ressourcen einsetzen können, um Ihre Ziele zu erreichen und Herausforderungen zu meistern. Schreiben Sie Ihre Gedanken auf.
- Denken Sie über Ihre derzeitigen Werte und Ziele nach: Überlegen Sie, was Ihnen in Ihrem Leben am wichtigsten ist und was Sie erreichen möchten. Schreiben Sie Ihre Gedanken auf und überlegen Sie, welche Werte Sie dabei verfolgen möchten.
- Visualisieren Sie Ihr zukünftiges Ich: Stellen Sie sich vor, wie Sie in Zukunft sein möchten. Wie möchten Sie sich fühlen und welche Eigenschaften möchten Sie haben? Stellen Sie sich Ihr zukünftiges Selbst so detailliert wie möglich vor und schreiben Sie Ihre Gedanken auf.
- Identifizieren Sie Ihre Kernwerte: Überlegen Sie, welche Werte Ihnen am wichtigsten sind. Welche Eigenschaften möchten Sie verkörpern und welche Werte möchten Sie in Ihr Leben integrieren? Schreiben Sie Ihre Gedanken auf.

- Überprüfen Sie Ihre Prioritäten: Überlegen Sie, welche Prioritäten Sie in Ihrem Leben setzen und ob diese mit Ihren Kernwerten übereinstimmen. Überprüfen Sie Ihre täglichen Aktivitäten und überlegen Sie, ob sie Sie Ihren Zielen und Werten näher bringen.
- Entwickeln Sie einen Aktionsplan: Entwickeln Sie einen Plan, wie Sie Ihre Kernwerte in Ihr Leben integrieren wollen. Überlegen Sie, welche Schritte Sie unternehmen müssen, um Ihr zukünftiges Selbst zu erreichen, und welche Maßnahmen Sie ergreifen müssen, um Ihre Werte in Ihrem täglichen Leben umzusetzen.

Um sich bewusst zu werden, wer Sie sein möchten, können Sie ein Tagebuch führen. Gehen Sie hierzu wie folgt vor:

Nehmen Sie sich jeden Tag Zeit, Ihre Gedanken zu reflektieren, und schreiben Sie auf, was Sie erreichen wollen, wie Sie sich in Zukunft fühlen möchten und welche Werte Ihnen am wichtigsten sind. Überlegen Sie, wie Sie Ihre Ziele und Werte in Ihrem täglichen Leben umsetzen können und welche Schritte Sie unternehmen müssen, um Ihr zukünftiges Selbst zu erreichen. Schreiben Sie Ihre Gedanken auf und entwickeln Sie einen Aktionsplan, um Ihre Ziele und Werte in Ihr Leben zu integrieren. Durch regelmäßiges Reflektieren und Aufschreiben Ihrer Gedanken und Ziele können Sie sich bewusstwerden, wer Sie sein möchten und welche Werte Ihnen am wichtigsten sind.

Sich selbst und anderen verzeihen

Sich selbst und anderen zu vergeben, kann ein wichtiger Bestandteil von psychischer Gesundheit und Wohlbefinden sein. Es ist ein Prozess, der es Ihnen ermöglicht, negative Emotionen wie Wut, Schmerz und Enttäuschung loszulassen und Raum für positive Emotionen wie Mitgefühl, Frieden und Heilung zu schaffen.

Sich selbst zu vergeben, kann schwierig sein, da wir oft sehr selbstkritisch sind und uns für unsere Fehler verurteilen. Fehler und Versagen sind jedoch Teil des menschlichen Lebens. Jeder von uns macht von Zeit zu Zeit Fehler. Sich selbst zu verzeihen, erfordert oft die Bereitschaft, Verantwortung für das eigene Verhalten zu tragen und sich selbst mit Mitgefühl und Verständnis zu begegnen.

Anderen zu verzeihen, kann ebenfalls schwierig sein, besonders, wenn Sie jemand verletzt oder Ihnen Unrecht getan hat. Anderen zu vergeben, bedeutet nicht, dass Sie ihre Taten gutheißen oder vergessen sollten. Vielmehr geht es darum, die Macht, die die Situation über Sie hat, loszulassen und sich von negativen Emotionen und Gedanken zu befreien, die Sie belasten.

Vergeben Sie anderen, das kann zu einem tieferen Verständnis führen und Ihnen helfen, eine positive und gesunde Beziehung zu sich selbst und zu anderen aufzubauen. Das Verzeihen kann ein schwieriger Prozess sein, aber es ist ein wichtiger Schritt, um inneren Frieden zu finden und Beziehungen zu heilen. Hier sind einige Schritte, die Ihnen helfen können, sich selbst und anderen zu verzeihen:

- Verstehen Sie, was Verzeihen bedeutet: Verzeihen bedeutet nicht, dass Sie das Verhalten der anderen Person akzeptieren oder dass Sie es vergessen. Es bedeutet, dass Sie bereit sind, das Negative loszulassen, um inneren Frieden zu finden.
- Nehmen Sie Ihre Gefühle an: Akzeptieren Sie, dass es normal ist, wütend oder verletzt zu sein. Nehmen Sie sich Zeit, um Ihre Gefühle zu verarbeiten, aber lassen Sie sie nicht Ihr Leben kontrollieren.
- Reflektieren Sie über Ihre eigene Rolle: Überlegen Sie, welche Rolle Sie in der Situation gespielt haben und welche Erwartungen Sie hatten. Verzeihen Sie sich selbst, wenn Sie das Gefühl haben, dass Sie Fehler gemacht haben.
- Praktizieren Sie Empathie: Versuchen Sie, sich in die andere Person hineinzuversetzen und ihre Perspektive zu verstehen. Dies kann Ihnen helfen, ihre Handlungen besser zu verstehen und Verständnis für sie zu entwickeln.
- Schreiben Sie einen Brief: Schreiben Sie einen Brief an die Person oder an sich selbst, in dem Sie ausdrücken, wie Sie sich fühlen und was Sie verzeihen möchten. Der Akt des Schreibens kann Ihnen helfen, Ihre Gefühle zu verarbeiten und Ihre Gedanken zu ordnen.
- Verpflichtung zur Vergebung: Dies meint die bewusste Entscheidung, die Vergangenheit hinter sich zu lassen und sich auf die Zukunft zu konzentrieren. Verpflichten Sie sich dazu, Ihrer eigenen Heilung und der Beziehung zu anderen Priorität einzuräumen.

Um Vergebung zu üben, können Sie einen Vergebungsbrief verfassen. Mit dieser Übung können Sie Gefühle ausdrücken sowie auf diese Weise die Vergangenheit loslassen. Ein Vergebungsbrief kann an eine Person gerichtet sein, die Ihnen Unrecht getan hat, oder an sich selbst, wenn man das Gefühl hat, etwas vergeben zu müssen. Zum Verfassen gehen Sie wie folgt vor:

Der erste Schritt besteht darin, sich Zeit für sich selbst zu nehmen und sich auf das Schreiben des Briefes zu konzentrieren. Überlegen Sie, was Sie sagen wollen und wie Sie sich fühlen. Es kann hilfreich sein, Ihre Gedanken aufzuschreiben und Ihre Gefühle in Worte zu fassen. Dies kann Ihnen helfen, sich zu beruhigen und Ihre Gedanken zu ordnen. Wenn Sie den Brief geschrieben haben, ist es wichtig, ihn einige Tage ruhen zu lassen. In dieser Zeit können Sie sich von Ihren Gedanken und Gefühlen distanzieren und eine neue Perspektive gewinnen. Wenn Sie dazu bereit sind, lesen Sie den Brief noch einmal und überlegen Sie, ob Sie bereit sind, die Vergangenheit loszulassen und sich auf die Zukunft zu konzentrieren. Wenn Sie dazu bereit sind, können Sie den Brief entweder an die Person schicken oder ihn als Teil Ihres persönlichen Prozesses behalten. Konzentrieren Sie sich dabei auf Ihr eigenes Wohlbefinden und nicht darauf, ob die andere Person Ihre Vergebung annimmt oder nicht. Das Schreiben des Briefes ist eine Übung, die Ihnen helfen kann, inneren Frieden zu finden und die Vergangenheit loszulassen, unabhängig davon, wie die andere Person darauf reagiert.

Insgesamt ist das Schreiben von Vergebungsbriefen eine Übung, die Ihnen helfen kann, Ihre Gefühle auszudrücken und das Loslassen der Vergangenheit zu erleichtern. Nutzen Sie die Zeit und konzentrieren Sie sich auf das Schreiben des Briefes. Dann lassen Sie ihn ruhen, um ihn später noch einmal zu lesen und sicherzustellen, dass Sie bereit sind, die Vergangenheit loszulassen. Schließlich sollten Sie sich auf die eigene Heilung und das eigene Wohlbefinden konzentrieren und nicht darauf, ob die andere Person die Vergebung annimmt oder nicht.

Freude ins Leben einladen

Um Ihr geheiltes inneres Kind zum Leben zu erwecken, müssen Sie die Freude wieder in Ihr Leben lassen. Freude ist ein wichtiger Bestandteil des Lebens und kann Ihnen helfen, Ihre psychische und emotionale Gesundheit zu verbessern.

Freude ist ein positiver Gefühlszustand, der oft mit Glück, Zufriedenheit und Genuss verbunden ist. Wenn wir Freude verspüren, haben wir ein gutes, positives Gefühl. Sie ist ein wichtiger Bestandteil des Lebens und hat viele Vorteile für unsere psychische und emotionale Gesundheit.

Wenn Sie Freude empfinden, werden im Gehirn Botenstoffe wie Dopamin und Serotonin freigesetzt, die Ihnen ein Gefühl der Belohnung und Zufriedenheit vermitteln. Diese Neurotransmitter helfen Ihnen auch, Stress abzubauen und sich zu beruhigen. Freude kann also dazu beitragen, Ihre Stimmung zu verbessern und sich vor Stress und negativen Gefühlen zu schützen.

Darüber hinaus kann Freude auch Ihre Beziehungen zu anderen Menschen verbessern, da Sie in der Regel gerne Zeit mit Menschen verbringen, die Ihnen Freude bereiten. Indem Sie Freude teilen und erleben, können Sie auch Ihr soziales Unterstützungsnetzwerk stärken.

Nachfolgend finden Sie einige Schritte, die Ihnen helfen können, Freude in Ihr Leben zu bringen:

- Entdecken Sie, was Ihnen Freude bringt: Nehmen Sie sich Zeit, um darüber nachzudenken, was Ihnen Freude bereitet. Was sind Ihre Hobbys, Leidenschaften oder Aktivitäten, die Ihnen ein Lächeln ins Gesicht zaubern? Schreiben Sie diese Dinge auf, damit Sie sich später daran erinnern können.
- Planen Sie Zeit für Freude ein: Vergewissern Sie sich, dass Ihr Zeitplan Zeit für die Aktivitäten vorsieht, die Ihnen Spaß machen. Es kann helfen, sich wöchentliche Ziele zu setzen und sicherzustellen, dass Sie genügend Zeit für die Dinge haben, die Ihnen wichtig sind.
- Im Moment leben: Konzentrieren Sie sich auf den Augenblick und seien Sie präsent. Vermeiden Sie Ablenkungen wie das ständige Checken des Handys oder Multitasking. Nehmen Sie die Schönheit und Freude des Augenblicks wahr.
- Seien Sie dankbar: Üben Sie Dankbarkeit und seien Sie dankbar für die Dinge, die Sie haben und die Sie glücklich machen. Wenn Sie sich auf das Positive in Ihrem Leben konzentrieren, werden Sie automatisch mehr Freude empfinden.
- Lächeln und Lachen: Lachen kann helfen, Stress abzubauen und die Stimmung zu heben. Sehen Sie sich eine lustige Fernsehsendung an oder gehen Sie mit Freunden aus und lassen Sie sich zum Lachen bringen.

Eine praktische Möglichkeit, Freude in Ihr Leben einzuladen, ist die Erstellung einer „Freudenliste“. Schreiben Sie eine Liste mit Aktivitäten, die Ihnen Freude bereiten, und stellen Sie sicher, dass Sie mindestens eine dieser Aktivitäten pro Woche durchführen. Hier sind einige Beispiele:

- Mit Freunden und Familie zusammen sein
- Ein neues Hobby ausprobieren
- Zeit in der Natur verbringen
- Ein gutes Buch lesen
- Musik hören und tanzen
- Sich selbst mit einer kleinen Belohnung verwöhnen
- Ein lustiges Video oder einen Film anschauen
- Eine neue Stadt oder ein neues Land besuchen

Abschließend lässt sich sagen, dass Freude ein wichtiger Bestandteil des Lebens ist und Ihnen auf vielfältige Weise dabei helfen kann, Ihre psychische und emotionale Gesundheit zu verbessern. Denken Sie daran, sich selbst zu erlauben, Freude zu empfinden und die Momente zu genießen, die uns glücklich machen.

Die Versöhnung mit dem inneren Kind

In diesem Buch haben wir gemeinsam erforscht, wie Ihre Kindheitserfahrungen Ihre Persönlichkeit geprägt haben und wie Sie negative Prägungen auflösen können, um ein erfülltes Leben zu führen. Denn durch die Versöhnung mit unserem inneren Kind öffnen sich Türen zu mehr Selbstakzeptanz, Selbstliebe und Glück.

Durch das Erkennen Ihrer negativen Glaubenssätze, durch das Ersetzen dieser durch positive und durch das Verstehen Ihrer Schutzmechanismen und die Verbindung zu Ihrem inneren Kind konnten Sie dessen Bedürfnisse erkennen und ihm die Aufmerksamkeit schenken, die es braucht, um zu heilen.

Mit all den Werkzeugen und Erkenntnissen aus diesem Buch haben Sie nun die Möglichkeit, Ihr Leben voller Freude und Erfüllung zu gestalten. Vergessen Sie aber nicht, dass die Arbeit mit Ihrem inneren Kind ein lebenslanger Prozess ist, der Geduld und Selbstliebe erfordert. Seien Sie stolz auf sich selbst für die Fortschritte, die Sie gemacht haben, und seien Sie bereit, sich weiterhin um Ihr inneres Kind zu kümmern, um ein erfülltes Leben zu führen.

Literaturverzeichnis

• Ainsworth, M. (1989). Attachment beyond infancy. American Psychologist, 44, 709-716.

• Ainsworth, M. (1991). Attachment and other affectional bonds across the life cycle. In C. M. Parkes, J. Stevenson-Hinde & P. Marris (Eds.), Attachment across the life cycle (pp. 33-51). London: Routeledge.

• Ainsworth, M., Blehar, M., Waters, E. & Wall, S. (1978). Patterns of attachment. A psychological study of the strange situation. Hillsdale, NJ: Erlbaum.

• Ainsworth, M. D. (1969). Object relations, dependency, and attachment: A theoretical review of the infant-mother relationship. Child Development, 40, 969-1025.

• Ainsworth, M. D. S., Bell, S. M. & Stayton, D. J. (1974). Infant-mother attachment and social development: "Socialization" as a product of reciprocal responsiveness to signals. In P. M. Richards (Ed.), The integration of a child into a social world (pp. 99-135). Cambridge: Cambridge University Press.

• Baumeister, R. F. & Leary, M. R. (1995). The need to belong: Desire for interpersonal attachments as a fundamental human motivation. Psychological Bulletin. Vol, 117 (3), 497-529.

• Bowlby, J. (1956). The growth of independence in the young child. Royal Society of Health Journal, 76, 587-591.

• Bowlby, J. (1958). The nature of the child's tie to his mother. International Journal of Psycho-Analysis, 39, 350-373.

• Bowlby, J. (1969). Attachment and loss. Vol 1: Attachment. New York: Basic Books.

• Bowlby, J. (1973). Attachment and loss. Vol 2. Separation: Anxiety, and anger. New York: Basic Books.

• Bowlby, J. (1980). Attachment and loss, Vol. 3: Loss, sadness and depression. New York: Basic Books.

• Bowlby, J. (1987). Attachment. In R. L. Gregory (Ed.), The Oxford Companion to the mind (pp. 57-58). Oxford: University Press.

• Bowlby, J. (1988). A secure base: Clinical implications of attachment theory. London Routledge.

• Cassidy, J., Shaver, R. P., (2008) Handbook of Attachment: Theory, Research and Clinical Applications: New York: The Guilford Press.

• Deci, E. L., La Guardia, J., Moller, A. C., Scheiner, M. J. & Ryan, M. R. (2006). On the benefits of giving as well as receiving autonomy support: mutuality in close friendships. Personality and Social Psychology Bulletin, 32, 313-327.

• Flammer, A. (1988) Entwicklungstheorien. Psychologische Theorien der menschlichen Entwicklung. Bern: Hans Huber.

• Grossmann, K. & Grossmann, K. E. (2004). Bindungen - das Gefüge psychischer Sicherheit. Stuttgart: Klett-Cotta /J. G. Cotta'sche Buchhandlung Nachfolger.

• Grossmann, K., Grossmann, K. E. & Kindler, H. (2005). Early care and the roots of attachment and partnership representations: the Bielefeld and Regensburg longitudinal studies. In K. E. Grossmann, K. Grossmann & E. Waters (Eds.), Attachment from infancy to adulthood. The major longitudinal studies (pp. 98-136). New York The Guilford Press.

• Grossmann, K. E. (1999). Old and new internal working models of attachment: the organization of feeling and language. Attachment & Human Development, 1 (3), 253-269.

• Grossmann, K. E., Grossmann, K. & Waters, E. (2005). Attachment from infancy to adulthood: The major longitudinal studies. New York: Guilford Publications.

• Miculincer, M. (2006). Attachment, caregiving, and sex within romantic relationships. A behavioral systems perspective. In M. Miculincer & G. S. Goodman (Eds.), Dynamics of romantic love: Comments, questions, and future directions (pp. 23-44). New York: Guilford Press.

• Miculincer, M. & Goodman, G. S. (2006). Dynamics of romantic love: Comments, questions, and future directions. New York: Guilford Press.

• Miculincer, M. & Selinger, M. (2001). The interplay between attachment and affiliation systems in adolescents' same-sex friendships: The role of attachment style. Journal of Social and Personal Relationships, 18 (1), 81-106.

• Miculincer, M. & Shaver, P. R. (2004). Security-based self-representations in adulthood: Contents and processes. In S. H. Rholes & J. A. Simpson (Eds.), Adult attachment. Theory, research, and clinical implications (pp. 159-195). New York: Guilford.

• Miculincer, M., Gillath, O. & Shaver, P. R. (2002). Activation of the attachment system in adulthood: Threat-related primes increase the accessibility of mental reprasentations of attachment figures. Journal of Personality and Social Psychology, 83 (4), 881-895.

• Miculincer, M., Shaver, P. R. & Pereg, D. (2003). Attachment theory and affect regulation: The dynamics, development, and cognitive consequences of attachment-related strategies. Motivation and Emotion, 27 (2), 77-102.

• Ruppert, F. (2015): Frühes Trauma. Schwangerschaft, Geburt und erste Lebensjahre. 2. Auflage. Stuttgart: Klett-Cotta. S. 19-21.

• Ryan, M. R., La Guardia, J., Solky-Butzel, J., Chirkov, V. & Kim, Y. (2005). On the interpersonal regulation of emotion: Emotional reliance across gender, relationships, and cultures. Personal Relationships, 12, 145-163.

• Ryan, R. M. & Deci, E. L. (2000). Self-determination theory and the facilitation of intrinsic motivation, social development, and well-being. American Psychologist, 55 (1), 68-78.

• Ryan, R. M. & Deci, E. L. (2002). An overview of self-determination theory. In E. L. Deci & R. M. Ryan (Eds.), Handbook of self-determination research (pp. 3-33). Rochester, NY: University of Rochester Press.

• Ryan, R. M., Kuhl, J. & Deci, E. L. (1997). Nature and autonomy: An organizational view of social and neurobiological aspects of self-regulation in behavior and development. Development and Psychopathology, 9 (1997), 701-728.

• Shaver, P. R. & Hazan, C. (1988). A biased overview of the study of love. Journal of Social and Personal Relationships, 5, 473-501.

• Shaver, P. R. & Mikulincer, M. (2002). Attachment-related psychodynamics. Attachment and Human Development, 4, 133- 161.

• Shaver, P. R. & Mikulincer, M. (2004). What do self-report attachment measures assess? In S. H. Rholes & J. A. Simpson (Eds.), Adult attachment. Theory, research, and clinical implications (pp. 17-54). New York: Guilford.

• Shaver, P. R. & Raley, R. C. (ohne Jahresangabe). Self-Report measures of adult attachment. Department of Psychology.

• Sroufe, A. (1997). Psychopathology as an outcome of development. Development and Psychopathology, 9, 251-268.

• Sroufe, A. L., Carlson, E. A., Levy, A. K. & Egeland, B. (1999). Implications of attachment theory for developmental psycho- pathology. Development and Psychopathology, 11, 1-13.

• Sroufe, A. L., Egeland, B., Carlson, E. & Collins, A. W. (2005). Placing early attachment experiences in developmental context: The Minnesota Longitudinal Study. In K. E. Grossmann, K. Grossmann & E. Waters (Eds.), Attachment from infancy to adulthood. The major longitudinal studies (pp. 48-70). New York The Guilford Press.

• Sroufe, L. A. (2005). Attachment and development: A prospective, longitudinal study from birth to adulthood. Attachment & Human Development, 7 (4), 349-367.

• Sroufe, L. A., Egeland, B., Carlson, E. A. & Collins, W. A. (2005). The development of the person. The Minnesota Study of Risk and Adaption from Birth to Adulthood. New York: The Guilford Press.

• Steele, H. & Steele, M. (2005). Understanding and resolving emotional conflict: The London parent-child project. In K. E. Grossmann, K. Grossmann & E. Waters (Eds.), Attachment from infancy to adulthood. The major longitudinal studies (pp. 137-164). New York The Guilford Press.

• Steele, H., Steele, M., Croft, C. & Fonagy, P. (1999). Infant-Mother Attachment at one Year Predicts Childrens Understanding of Mixed Emotions at Six Years. Social Development, 8 (2), 161-178.

• Van der Hart, O., Nijenhuis E., Steele K. (2008): Das verfolgte Selbst: Strukturelle Dissoziation und die Behandlung chronischer Traumatisierung. Paderborn: Junfermann. S. 295 - S. 299.